स्वीट ड्रीम्स

स्वीट ड्रीम्स

सनी लियोनी

juggernaut

जगरनॉट बुक्स
केएस हाउस, 118 शाहपुर जाट, नई दिल्ली 110049

प्रथम प्रकाशन: जगरनॉट बुक्स 2016

ISBN 9788193284162

टाइपसेट: एपीग्राफ़िक्स एंटरप्राइज़

मुद्रक: थॉमसन प्रेस इंडिया लिमिटेड

अनुक्रम

सीट 7E

ज़िंदगी में कुछ पल ऐसे होते हैं जिनकी छाप आपके मन पर ऐसी पड़ती है कि उसे कभी मिटाया नहीं जा सकता। यह कहानी भी ऐसी ही एक दास्तान है, जिसके बारे में मैं आने वाले अनेक बरसों तक हसीन कल्पनाएं बुनती रहूंगी।

मैं नई दिल्ली में विज्ञान के क्षेत्र में काम करने वाली एक फर्म में काम करती हूं जो मेरा सारा वक्त और ऊर्जा निचोड़ लेती है। थोड़े में कहूं तो शोधकर्ता की जिंदगी नीरस और ऊबाऊ होती है। डेटिंग और निजी रिश्ते मेरे करियर में हमेशा ही सबसे पीछे रहे हैं। लेकिन अपनी जिंदगी के उस मुकाम पर मुझे खास तौर पर इसका यकीन था कि मेरा काम मुझे जितनी संतुष्टि देता था, मर्द कभी भी मुझे वैसी संतुष्टि नहीं दे पाएंगे। आखिरकार मैं एक नौजवान, कामयाब भारतीय औरत थी, जो अपनी चाहतों को पूरा करने के लिए किसी के भरोसे नहीं थी – आखिर मुझे किस बात की कमी हो सकती थी?

उस दिन मैंने बेंगलुरू में जीन थेरेपी पर एक सम्मेलन पर एक शोध पत्र पेश करके वापस लौटने के लिए एक फ्लाइट पर अभी अभी सवार हुई थी। प्रेजेंटेशन बहुत अच्छी गई थी, लेकिन मैं बहुत थक गई थी।

मुझे पता था कि बस थोड़े से वक्त की बात है, जब मैं नई

दिल्ली में अपने घर में आरामदेह माहौल में पहुंच जाने वाली थी। पहुंच कर जो सबसे पहला काम मैं करने वाली थी, वो इस सख्त, तकलीफ़ देने वाले बिज़नेस सूट को उतारना था जिसे मैं पूरे दिन पहने रही थी। और फिर मैं वापस अपनी रंगीन और आरामदेह साड़ियों में लिपट जाने वाली थी। अपनी स्किन पर सूती कपड़े की नरम छुअन ने हमेशा ही मुझे अच्छा अहसास कराया है। घर पर साड़ी मैं बिना ब्रा के पहनती हूं, जिससे मुझे और ज़्यादा आराम और सुकून महसूस होता है। काम पर, मैं अपने दफ्तर के सादे कपड़ों में होती हूं लेकिन अंडरवियर सेक्सी होते हैं जो लेस और साटिन के बने होते हैं और मेरी छातियों को हमेशा ही शोख और दमदार महसूस कराते हैं।

लेकिन मैं उतनी जल्दी घर नहीं पहुंच पाई।

आखिरी सवारियां हवाई जहाज़ पर चढ़ने लगी थीं। एक लंबे और थका देने वाले दिन के बाद मैं उम्मीद कर रही थी कि मेरी बगल वाली सीट खाली हो ताकि मैं एक आरामदेह सफर के मज़े ले सकूं। मैं नहीं जानती थी कि उस रात मेरी किस्मत में कुछ दूसरी ही चीजें लिखी थीं।

मैंने आंखें उठाईं और एक लंबे, छरहरे आदमी को अपने सामने खड़े पाया जो ऊपर बने खांचों में अपना सामान रख रहा था। जब

वो अपना सामान ऊपर को ऊठा कर रखने की कोशिश कर रहा था, मैं उसके हाथ की मज़बूत पेशियों को कसते हुए देख सकती थी। उसकी ताकत और मज़बूती में ऐसा कुछ था, जिसने मेरे दिल की धड़कनें बढ़ा दी थीं।

वो मेरी बगल में बैठ गया और हमारी नज़रें मिलीं। बस कुछ सेकेंडों की बात थी, लेकिन लगा कि कितने वक्त हम एक दूसरे को देखते रहे थे।

उसने अपना लैपटॉप निकाला और फौरन ही काम में लग गया। उसके मज़बूत हाथ और उंगलियां ईमेल्स का जवाब देते हुए ज़ोर से कीबोर्ड पर चल रही थीं। ऐसा था मानो मेरा दिल उसकी टाइपिंग की लय पर धड़कने लगा हो। वह जितनी तेज़ी से टाइप करता, मेरी नब्ज़ उसके साथ चलने की उतनी ही कड़ी कोशिश करती और मैंने पाया कि मैं बेचैन थी और चुपचाप एक गर्म बेहोशी की हालत में जा रही थी।

उस अजनबी में ऐसा क्या था जो मुझ पर इस कदर छा गया था।

अभी तक उससे मेरी कोई बात नहीं हुई थी, लेकिन अपनी बगल में बैठे उस लंबे, गहरे और खूबसूरत आदमी के बारे में मैंने कहानियां बुननी शुरू कर दीं। उसे एक सीईओ या कोई आन्ट्रप्रैन्योर ही होना था। कोई ऐसा जिसने कभी भी ना नहीं कहा

हो और अपनी ज़िंदगी में जो कुछ भी चाहा हो हासिल कर लिया हो। जिसे ज़िंदगी के सबसे बेहतरीन तोहफों का मज़ा लिया हो और जिसमें इसके वर्जित फलों के लिए एक कभी न मिटने वाली प्यास हो।

उसकी मजबूत, बेधती हुई निगाहों ने मुझे बता दिया कि यह एक ऐसा आदमी है, जो काम और औरत के मामले में लगाम अपने हाथ में रखता है। उसके होंठ नाज़ुक थे, जिन पर बड़े कमाल की नज़ाकत और भरोसे से भरी मुस्कान होती थी और उसका पूरा हुलिया यह संकेत देता था कि वो एक ऐसा इंसान था जिसे ठीक ठीक यह मालूम था उसे जो चाहिए उसे हासिल करने के लिए क्या कहना है (और क्या नहीं कहना है)। उसके नरम हाथों और सलीक से तराशे गए नाखुनों को देख कर मैं कह सकती थी कि उसे यह बात मालूम थी कि वह जिस किसी को हासिल करना चाहता था, उसकी ताकत और इच्छा को अपने वश में करने के लिए एक नाज़ुक छुअन कितनी अहमियत रखती है। और यह सब उस सख्त देह के साथ, जिसे संवारने के लिए वो घंटों मेहनत करता होगा ताकि इंसानी देह का एक नायाब नमूना बन सके – यह एक ऐसा औजार था, जिसकी ज़रूरत उसे हर उस इंसान पर काबू पाने के लिए थी, जिसने उसे चुनौती दी हो। वो एक

बिज़नेसमैन था, जो किसी भी सौदे को हासिल कर सकता था, और एक ऐसा प्रेमी था जो किसी भी औरत को अपनी चाहत के काबू में कर सकता था।

फ्लाइट में बीस मिनट हो चुके थे और मैं अभी भी अपनी बगल में बैठे उस आदमी के बारे में सोचने से खुद को रोक नहीं पा रही थी। गर्म चाय के एक गिलास और एक अच्छी किताब का खयाल मुझे आराम पहुंचाएगी और शायद थोड़ी देर सोने में भी मदद करे। लेकिन इसकी बजाए इसने उल्टा असर दिखाया और मुझे उस आदमी के लिए अपनी तारीफ को ज़ाहिर करने और उसे देर तक देखते रहने की हिम्मत आने लगी।

मैं जानती थी कि यह किसी स्कूली बच्ची की दीवानगी जैसा खेल था और जब हम फ्लाइट से उतर जाएंगे, मैं उसके बारे में फिर कभी नहीं सोचूंगी।

एक मौके पर मैंने गौर किया कि वह अपनी टांग के ऊपरी हिस्से को रगड़ रहा था। वह बड़े गौर से कुछ पढ़ने में लगा हुआ था जो किसी किस्म के बिज़नेस कॉन्ट्रेक्ट जैसा लग रहा था। शायद किसी बात पर गौर करने के वक्त नर्वस होने पर की जाने वाली उसकी कोई आदत थी, लेकिन मुझे इसमें मज़ा आने लगा था। उसका पतला, मांसल हाथ खुद को ही रगड़ रहा था, पीछे से

आगे, आगे से पीछे, बेशक इससे उसकी जांघों में एक गुनगुनी सहलाहट पैदा हो रही थी जो हरेक रगड़ के साथ और अधिक गर्म होता जा रहा था।

तभी अचानक ही वह मेरी ओर मुड़ा और उसने मुझे अपनी जांघों को घूरते हुए पकड़ लिया।

उसने अजीब सी मुस्कान के साथ मुझे देखा और मैं शर्माते हुए लाल हो आई। इससे उबरने की कोशिश करते हुए, मैंने कहा कि मुझे उसकी घड़ी पसंद आई थी और मैं अपने पापा को देने के लिए ऐसी ही किसी चीज़ की तलाश में थी।

उसने जर्मनी के दौरे की एक कहानी सुनानी शुरू की जहां उसे यह घड़ी मिली थी। मैं इतनी घबरा गई थी कि मैं उसकी कहानी के ब्योरों पर ध्यान नहीं दे पा रही थी, लेकिन मैं चेहरे के भाव ऐसे बना रही थी ताकि उसे पता चल जाए कि मुझे उसकी कहानी में रुचि थी।

कहानी सुनाते हुए कुछ मिनट गुज़रे थे कि उसने अपने पांव हल्के से फैला कर चौड़े कर लिए। मैं महसूस कर सकती थी कि उसकी पैंट का सर्द कपड़ा अब मेरे घुटने की नंगी स्किन को छू रहा था।

उसने अपने घुटने पर अपने हाथ फिराए और फिर अचानक

ही मैं उसकी चिकनी, गहरी स्किन की गुनगुनी सनसनी अपनी स्किन पर फील कर सकती थी। उसकी रिंग फिंगर का सिरा हौले हौले मेरे घुटनों के ऊपर की तरफ गोल गोल घेरे बना रहा था, जिससे एक चुभती हुई सनसनी मेरी जांघों से होकर ऊपर की तरफ बढ़ रही थी।

मुझे संयत बने रहना था, इसलिए मैंने तय किया कि उसकी आंखों से अपनी आंखें नहीं हटाऊंगी और उसी तरह बातें करती रही और ऐसे दिखाती रही मानो कुछ नहीं हो रहा था। लेकिन उसके छूने से मेरा दिल भागा जा रहा था और मेरी देह के सभी रोंगटे खड़े हो चुके थे।

भावनात्मक रूप से मैं दहशत में थी। मेरे सामने एक ऐसा मर्द था जो जिस भी औरत को चाहता वो उसे हासिल हो जाती। ज़्यादातर इसकी संभावना थी कि उसकी पुराने प्रेम प्रसंग मॉडलों और अभिनेत्रियों या कॉरपोरेट दुनिया की फैशनेबल औरतें थीं।

वो मेरी जैसी किसी के साथ फ्लर्ट क्यों करेगा? क्या मैं कुछ ज़्यादा ही कल्पना नहीं कर रही थी? क्या वो बस यों ही किसी संयोग से मुझे छू रहा था?

इधर मेरे दिमाग में तूफान तेज़ होता जा रहा था, उधर वो मुझसे रू ब रू हुआ और अपनी खूबसूरत, गहरी आवाज़ में मुझसे पूछा

कि मैं कहां जा रही थी।

फ्लर्ट करने या फिकरेबाज़ी का तोहफा मुझे नहीं मिला था। मैंने जवाब दिया कि मैं घर जा रही थी। बदहवासी में मैंने अपने वैज्ञानिक शोध के बारे में कुछ अगड़म-बगड़म सुनाने लगी और मुझे यकीन है कि उसको रत्ती भर भी समझ में नहीं आया। आखिरकार, घबरा कर मैंने अपना मुंह बंद कर लिया।

वो मेरे करीब झुका और फुसफुसाया कि उसे खुफिया तौर पर विज्ञान का जुनून है और यह बात किसी को बताई न जाए। मैं एक स्कूली लड़की की तरह खिलखिलाई और अचानक ही मुझे बड़ा सुकून महसूस हुआ। उसके कोलोन की खुशबू कुछ पल तक मेरे चेहरे पर ठहरी रही और मैं केबिन को गर्म होते हुए महसूस कर सकती थी।

वह ग्लोबल वार्मिंग पर एक लेख के बारे में बताने लगा, जिसे सुबह उसने द टाइम्स ऑफ इंडिया में पढ़ा था, लेकिन मैं बस यही कर सकी कि वहां बैठे बैठे अपनी गर्दन पर मंडराते उसके मज़बूत, रसीले होंठों के बारे में कल्पनाएं बुनती रही, जो मुझे पागल किए दे रहे थे।

तभी मुझे यह समझ में आया। मैं उसका शिकार थी। उसने शुरू में मेरी बचकानी हरकतों को भांप लिया था और उसके मन

ने उसे बता दिया था कि मैं चाहती थी कि मेरा शिकार किया जाए। और वो सही था।

बदहवासी में मैंने उसे एक दूसरी विज्ञान कहानी सुनानी शुरू की, लेकिन मैं वाक्य बोल भी पाती कि उसने मेरे होंठों पर अपनी उंगली रख दी और चुपचाप मुझे रुकने का इशारा किया। लेकिन मैं अपना मुंह हल्के से खोल कर अपनी ज़बान इतनी बाहर करने से खुद को न रोक सकी, कि उसकी उंगली की नर्म स्किन का स्वाद ले सकूं।

हौले हौले उसने अपनी उंगलियां मेरी ठुड्डी पर सरकाईं, फिर मेरे गले से होते आखिरकार मेरे सीने तक पहुंचा। मैं जानती थी कि वो मेरे दिल को भट्ठी की धौंकनी की तरह धड़कते हुए महसूस कर सकता होगा।

वो झुका और फुसफुसाते हुए मुझसे अपनी ब्लाउज़ का ऊपरी बटन को खोलने को कहा। मैंने उसका कहा माना और एक क़दम आगे बढ़ने का फैसला करते हुए एक और बटन खोलने लगी। लेकिने मैं ऐसा कर पाती उससे पहले ही उसने मेरा हाथ पकड़ लिया और फुसफुसाया कि मैं सिर्फ वही करूं, जो करने को वो कह रहा है। न ज़्यादा। न कम।

मैंने आसपास देखा और उस धुंधले केबिन में हर कोई सोया

हुआ लग रहा था। कोई भी चल फिर नहीं रहा था और स्टीवर्डेस केबिन के सामने बातें कर रही थीं। मैं महफूज़ थी लेकिन पकड़े जाने का अहसास उत्तेजना को और भड़का ही रहा था।

मेरी देह तपने लगी थी और मेरे गले के निचले हिस्से से पसीने की एक अकेली बूंद बन कर धीरे धीरे नीचे सरकने लगी थी। वह मेरी छातियों के बीच की घाटी तक पहुंच पाती, उसके पहले ही उसने अपनी उंगली से उसे हौले से पोंछ लिया। फिर नज़ाकत से उसने अपनी उंगली के सिरे को चूसा मानो वह शहद की मिठास का स्वाद लिया हो।

उसने मेरा हाथ थामा और जब उसने अपनी उंगलियों को मेरी उंगलियों के साथ जकड़ लिया तो मुझे लगा मेरी देह पिघलने लगी हो। वह मामूली सी हरकत मेरे अब तक के सारे अहसासों से जुदा थी। जब उसने मेरी आंखों में गहराई तक घूरना शुरू किया, मेरा दिल तेज़ी से धड़कने लगा था। लफ्ज़ उस बिजली की सनसनी को बयान नहीं कर सकते, जो मेरी देह की रगों में दौड़ने लगी थी।

मैं उसकी कल्पना करने से खुद को न रोक सकी, जो आगे होने वाला था। मुझे किसी और चीज़ की चाहत नहीं थी, मैं बस चाहती थी कि वो मेरी देह का इस्तेमाल करके अपनी सारी वहशी लालसाएं पूरी कर ले। उड़ान जारी थी और इस दौरान हमारे बीच

उत्तेजना और भड़कती जा रही थी।

उसने कहा कि मैं अपनी आंखें बंद कर लूं और मैंने खुशी से उसकी बात मान ली। मैं अपनी गर्दन पर उसकी गर्म सांसें महसूस कर सकती थी। उसके होंठ मेरी स्किन से बस कुछ ही इंच दूर थे और मुझे उत्तेजित कर देने वाली उम्मीद से भर रही थी। आखिरकार जब उसके होंठों ने मेरी स्किन को छुआ तो मैं बड़ी मुश्किल से खुद पर काबू रख सकी। मेरी आंखें अब भी बंद थीं लेकिन मैं अपनी गर्दन को चूमते उसके होंठों की सनसनी को महसूस कर सकती थी, जो तितली के परों की नाज़ुक फड़कने की तरह मालूम पड़ते थे।

उसकी गीली जीभ जब मेरी गर्दन से ऊपर की तरफ बढ़ने लगी तो मैंने चुपचाप एक आह छोड़ी। मेरे रोम रोम से लालसा की गीली भाप निकल रही थी और मैं उत्तेजना भरी प्रतीक्षा में बिना हिले डुले बैठी उसके अगले निर्देश का इंतज़ार कर रही थी।

उठ कर हवाई जहाज़ की लैवेटरी तक जाने की बात कहते हुए उसकी आवाज़ इतनी मद्धिम थी कि उससे सुन पाना मुश्किल था।

मैं खड़ी हुई और सिकुड़ कर उसकी बगल से निकली और ऐसा करते हुए मैंने अपनी आंखें उस पर से कभी नहीं हटाईं। सीटों के बीच के गलियारे में पांव रखते हुए मैं पल भर के लिए रुकी,

मेरी छातियां खतरनाक रूप से उसके मुंह के करीब लटक रही थीं। मैं अपनी ब्लाऊज़ को छेद कर भीतर घुसती उसकी गर्म सांसों को महसूस कर सकती थी और मुझे ऐसा लगा मानो मैं भाप से नहाने के कमरे (साउना) में हूं।

लैवेटरी जाने के आधे रास्ते में मैं महसूस कर सकती थी कि मेरे पीछे पीछे आते हुए वो मुझे घूर रहा है, अपनी आंखों से चुपचाप मेरे कपड़े उतार रहा है। मैं भीतर घुसी और पीछे दरवाज़ा बंद कर लिया और उसके घुसने का इंतज़ार करने लगी। इंतज़ार के वो पल कभी न खत्म होने वाले एक युग की तरह मालूम हुए।

दरवाज़ा धीरे धीरे खुला और हमारी आंखें फौरन एक दूसरे से टकराईं। उसने दरवाज़ा बंद किया तो हमारे पास अपनी देहों को एक दूसरे के साथ मज़बूती से दबाने के अलावा और कोई रास्ता नहीं था। वो मुड़ा और मेरे सिर का पिछला हिस्सा पकड़ लिया और हमारे होंठों को फुर्ती से करीब ले आया।

उसके होंठों का स्वाद आम के मीठी नमकीनी की तरह था, जो मुझे बहुत पसंद आया। एक दूसरे को चूमते हुए, हमारे हाथ एक दूसरे की देह को तलाशने लगे थे।

बेकरारी में उसने अपनी बेल्ट हटाई और फर्श पर फेंक दिया। उसने अपनी पतलून नीचे सरकाईं, अपने हाथ मेरी कमर पर रखे

और मुझे अपनी देह पर उठा लिया। मेरी टांगें उसकी कमर के गिर्द एक सांप की तरह मज़बूती से लिपट गईं और हमारी ज़ुबानें एक दूसरे की देह का स्वाद लेती और भिगोती रहीं।

जब हम एक दूसरे में गुंथे हुए उसके हाथ मजबूती से मेरी पीठ पर फिसल रहे थे, जिससे मेरी रीढ़ में बिजली सी सनसनी दौड़ती रही। मेरी देह के हर नाज़ुक हिस्से की खोजबीन करते हुए उसकी नाज़ुक छुअन ने मेरा सामना ऐसी सनसनी से कराया, जिसको अब तक मैं नहीं जानती थी।

मेरे गले से बस एक आह निकली जब मैंने अपनी देहों को एक दूसरे में मिल कर एक होते हुए महसूस किया। हमारे शरीर एक दूसरे की कामुक लय पर थिरकते रहे थे और हमारे दिल तेज़ तेज़ धड़क रहे थे।

ज्यों ज्यों हमारे बीच की थिरकन तेज़ हो रही थी, हमारे रोम रोम से पसीना निकलने लगा, जिससे हमें एक दूसरे को और मज़बूती से पकड़ना पड़ रहा था क्योंकि हमारी गीली देह फिसलने लगी थी।

हमारी रूहों को एक होना था और हमारी निगाहों को जुड़े रहना था। पहली बार हमारे मिलने के बाद से ही हमारी देह जिस आनंद की लालसा में थीं, आखिर वो हासिल हो रहा था। एक

दूसरे में गुंथे हुए हम हवा के लिए हांफते हुए वहां खड़े रहे।

बिना कुछ भी कहे, हमने एक दूसरे को अलग अलग किया। पूरी तरह बाहर निकलने से पहले उसने मुझे अपनी तरफ खींचा। उस उत्तेजना भरी मुठभेड़ से मेरी देह अभी भी कांप रही थी। वो झुका और उसने अपने होंठ मेरे होंठों पर हौले से दबाए। मैं जानती थी कि उसके रसीले होंठों की मिठास का मज़ा लेने का यह आखिरी मौका था। यह अनुभव इतना सपनीला था कि मैं जानती थी कि मेरी देह कभी भी इस कदर संतुष्ट नहीं हो पाएगी।

जब वो चला गया, मैंने आईने में पल भर के लिए खुद को देखा। मेरे बाल बिखर गए थे, मेरी ब्लाउज़ का ऊपर का बटन उधड़ गया था और मेरी स्कर्ट मुड़-तुड़ गई थी। जितना हो सकता था, मैंने खुद को सीधा किया और सोचने लगी कि अभी अभी जो हुआ था क्या लोग उसे भांप सकेंगे। खुशकिस्मती से, मेरी गुस्ताखियों को ढंकने के लिए मेरे पास एक जैकेट था।

अपनी सीट पर लौटते हुए मैंने सुना कि पायलट अनाउंस कर रहा था कि हम अपनी मंज़िल तक पहुंचने वाले थे। मैं उसकी तरफ पीठ किए अपनी सीट में सिमट गई। बाकी के सफर में हमने न एक दूसरे को देखा और न ही कोई बात की। अंधेरे, खामोश केबिन में मैंने अपनी आंखें बंद कीं और प्यार के उन पलों को

दोहराया जो अभी अभी गुज़रे थे। वह एक ऐसा सपनीला दृश्य था कि मुझे खुद को यह याद दिलाना पड़ा कि मैं कोई सपना नहीं देख रही थी। मेरा धड़कता हुआ दिल, पसीने से सराबोर मेरी देह इसका सबूत थे।

जहाज़ उतर चुका था और जब हम अपनी सीटों पर से उठने वाले थे, वो एक बार फिर मेरी तरफ झुका और मेरे कान में फुसफुसाते हुए गुडबाय कहा। एक आखिरी बार मैंने अपनी देह को छेड़ती हुई उसकी सांसों को महसूस कर सकती थी।

मैं उसकी ओर मुड़ी ताकि हमारी आंखें मिल सकें। एक भूखी की तरह मैंने उसके चेहरे के हरेक ब्योरे को दर्ज करने की कोशिश की, ताकि वो मेरी यादों में हमेशा के लिए बनी रहें। वो खड़ा हुआ, ऊपर के खानों से अपना बैग उठाया और गेट की तरफ बढ़ गया। मेरी आंखों ने उसका पीछा किया और हवाई जहाज़ से बाहर निकल जाने के ठीक पहले वो मुड़ा और एक आखिरी बार के लिए उसने मुझे देखा।

इसके बाद वो चला गया। मैं जानती थी कि हम अपनी आम जिंदगियों में लौट जाएंगे और एक दूसरे को फिर कभी नहीं देख पाएंगे।

वह घटना एक ऐसी चीज़ होने वाली थी, जो मुझे अपनी ज़िंदगी

के सबसे तनहा वक्तों में मेरा साथ देने वाली थी। हो सकता है कि मैं उन अनेक लड़कियों में से बस एक लड़की भर होऊं, जिन पर उसने सेक्सुअल जीतें हासिल की थीं। हो सकता है कि उसने मेरा चेहरा भुला दिया हो। लेकिन मैं उसे कभी नहीं भूल पाऊंगी। उसकी खूबसूरत गहरी स्किन, उसकी मज़बूत मगर नाज़ुक छुअन और उसके गीले चुंबनों की मिठास मेरे साथ हमेशा बनी रहेगी।

नया साल

पूरी जिंदगी मैंने खुद को कभी खूबसूरत महसूस नहीं किया। मैं मोटी और नीरस थी और पत्रिकाओं के कवर और फिल्मी पोस्टरों पर जगमगाती खूबसूरत लड़कियों जैसी दिखने से कोसों दूर थी।

मैं 'भली लड़की' कहलाते-कहलाते आजिज आ चुकी थी। थक गई थी। ऐसा नहीं था कि मुझे भला इंसान होना पसंद नहीं था। बस मुझे उन दूसरी खूबियों की चाहत थी, जो मर्दों को पसंद आती हैं।

मेरा परिवार इस मामले में खास तौर पर मेरी तौहीन किया करता था, जो मुझे लगातार 'मुटल्ली', 'गाय' और 'मोटी' जैसे बेरहम नामों से पुकारता था। मेरी तुलना हमेशा ही मेरी हमउम्र कज़िन्स से होता था। उनकी चिकनी, नाज़ुक, भूरी स्किन थी, लंबी टांगें थीं और खूबसूरत बाल थे जो हमेशा ही पूरी स्टाइल में सजे हुए होते थे। मैं कभी भी उनका मुकाबला नहीं कर सकती थी, न ही मैं करना चाहती थी।

पिछले उन्नीस बरसों में मैंने इंतज़ार किया था कि किस्मत मुझे वह खूबसूरती बख्शेगी जिसकी चाहत मुझे पूरी ज़िंदगी रही थी। वह खूबसूरती, जो मुझे वह भरोसा दिलाती, जिसकी ओर मर्द खिंचे चले आते थे।

एक साल की आखिरी रात को मेरी ज़िंदगी बदल गई। कुछ ऐसा हुआ, जिसने मुझे अपनी किस्मत को अपने हाथों में लेने और वैसा इंसान बन जाने पर मजबूर कर दिया, जैसा मैं बनना चाहती थी।

पार्टी शबाब पर थी और बांद्रा में अपनी दोस्त प्रिया के घर पर मैं बेहद मज़े कर रही थी। म्यूज़िक से पूरा अपार्टमेंट धड़क रहा था, लज़ीज़ खाने की खुशबू हवा में थी और वो जगह सजीले मर्दों-औरतों से भरी हुई थी।

उस दिन मैं खास तौर से आकर्षक महसूस कर रही थी। उस सुबह मैंने अपने मेक-अप के लिए सैलून में घंटों बिताए थे। मेरे बाल कमाल के सजे हुए थे — करीने से पीछे की तरफ उनकी एक चोटी बनाई गई थी और उस पर सोने की एक हेडपीस लगाई गई थी, जिसे मैंने अपनी एक कज़िन से मांगा था। मैंने सबसे खूबसूरत साड़ी पहनी थी, जिसमें सजे सितारों की जगमगाहट मुझे किसी तारे की तरह सजीली बना रही थी। साड़ी दमकते हुए लाल रंग की थी, लेकिन उसका रंग कभी कभी सितारों में डूबते हुए गर्म सूरज की तरह चमकता था। मेरी ज़िंदगी में कभी भी ऐसा कोई पल नहीं आया था, जब मैंने खुद को इससे ज़्यादा खूबसूरत महसूस किया हो।

जैसे-जैसे आधी रात करीब आ रही थी, मेरी आंखें कमरे की दूसरी तरफ एक मर्द की ओर खिंची जा रही थीं। उसके छोटे, सेक्सी बाल थे जिन्हें पूरे सलीके से संवारा गया था। उसके कपड़े, उसकी फिट बॉडी के मुताबिक बने थे, जो उसकी देह की हरेक मसल को उजागर कर रहे थे और उसका तराशा हुआ चेहरा मिल कर उसे ऐसी शख्सियत दे रहे थे मानो वह बॉलीवुड की फिल्मों से निकल कर सीधा चला आया हो।

अगले तीस मिनटों में मैं अपनी आंखों से चुपचाप उसका पीछा करती रही। वो कमरे में जहां भी जाता, उस खूबसूरत आदमी से दूर जाने में नाकाम मेरी आंखें उसी पर चिपकी रहतीं। मेरी दोस्त मुझसे बातें कर रही थी और मैं उसे सुनने का दिखावा भी कर रही थी, लेकिन उस वक्त मैं बस उस गहरी, खुरदरी आवाज़ पर ही अपना ध्यान लगा पा रही थी जो कमरे में गूंज रही थी। जब वो ड्रिंक्स की तरफ बढ़ने लगा, जहां मैं खड़ी थी, तो मैंने उसकी आवाज़ को तेज़ होते हुए सुना।

अब वो मुझसे महज कुछ इंचों की दूरी पर खड़ा था। मेरी देह तनने लगी थी और मेरे दिल की धड़कन तेज़ होनी शुरू हुई। किसी ने मुझे इससे पहले कभी ऐसा अहसास नहीं कराया था।

मेरे अंदर जितनी ही उससे बातें करने की चाहत थी, उतना ही

मैं जानती थी कि उसकी निगाह में मेरा कोई वजूद नहीं था। पार्टी में कहीं ज़्यादा खूबसूरत लड़कियां थीं जो बस उसकी बांहों में झूल जाने के मौके के इंतज़ार कर रही थीं।

तभी वह हुआ – हमारी नज़रें मिलीं। मुझे पक्का यकीन है कि मैं अपने पहले प्यार से बात कर रही कम उम्र की लड़की की तरह शरमा रही थी। मैं कुछ नहीं कर सकती थी। मुझ पर इस कदर जादू छाया हुआ था कि मैं बस वहीं खड़ी देखती रही। एक शरीफ आदमी की तरह वो मुस्कुराया और उसने मुझे कनखी मारी। यह एक ऐसी हरकत थी, जिसकी उम्मीद नहीं थी और इसने मेरी निगाहों में उसे और हसीन बना दिया।

एक नरम, गहरी आवाज़ में उसने आसिफ के रूप में खुद का परिचय कराया और पूछा कि क्या मुझे पार्टी में मज़ा आ रहा था। मैंने उसे बताया कि मेरा नाम आलिया है और कि मैं काफी मज़े ले रही थी, खास तौर से जबसे वो पार्टी में आया है। मुझे इतनी बेबाकी से बोलने में अपना पूरा साहस जुटाना पड़ा था। क्या मैंने खुद को पूरी तरह से बेवकूफ बना लिया था?

नकार दिए जाने के डर से सहमी हुई, मैंने उसके जवाब का इंतज़ार किया। बस एक सेकेंड ही बीता था लेकिन ऐसा लगा मानो अरसा गुज़र गया हो। फिर वह हल्के से हंसा और मेरा

शुक्रिया कहा और कहा कि उसने भी वैसा ही महसूस किया था।

मुझे पता था कि वो झूठ बोल रहा था। लेकिन उसकी इस नरमदिली से उसके प्रति मेरा आकर्षण और बढ़ गया कि उसे मेरी भावनाओं का खयाल था। उसने कहा कि उसे अपने दोस्तों से मिलना था लेकिन रात ढलने से पहले वो मुझसे मिलेगा। मैंने उससे कहा कि यह मुझे अच्छा लगेगा और फिर वह वापस भीड़ में लौट गया।

मुझे यकीन नहीं आया। मेरी किस्मत आखिरकार बदल चुकी थी। अब मैं वो उदास लड़की नहीं थी जिसके नसीब में अकेले ज़िंदगी गुज़ारनी लिखी थी, जैसा कि मेरा परिवार हमेशा कहा करता था। उन्नीस की उम्र में मैं वो औरत बन चुकी थी, जिसका अपनी ज़िंदगी पर अख्तियार था, या ऐसा मैंने सोचा।

नया साल बस आने आने को था और मैं रेस्टरूम की ओर बढ़ रही थी। कोने तक पहुंचते ही मुझे आसिफ की आवाज़ सुनाई पड़ी। मैं रुक गई ताकि एक बार और उसकी आवाज़ सुन सकूं और उसके बारे में कुछ जान सकूं।

वो और उसके दोस्त बातें कर रहे थे कि कौन उनका नए साल का किस होने जा रहा था। मैंने उसके दोस्तों में से एक को उस लड़की के बारे में पूछते हुए सुना, जिससे वो ड्रिंक्स लेने के दौरान

बातें कर रहा था।

वो मेरे बारे में बातें कर रहे थे??? मेरे चेहरे पर मुस्कान फैल गई। क्या ऐसा हो सकता है कि मैं अपनी पहली किस का अनुभव करने जा रही थी? और यह होने वाला था नए साल पर सबसे खूबसूरत आदमी के साथ?

मेरी उंगलियां इतनी कस गईं कि उसके जवाब का इंतज़ार करते हुए मेरे हाथों से पसीना निकलने लगा। उसने जवाब दिया, 'नो, वो बहुत मोटी है।' अपनी आंखों में भरते हुए आंसुओं के बीच मैंने ठहाके सुने। उसने बस एक छोटे से पल में सबकुछ को तहस-नहस कर दिया था।

मैं रेस्टरूम की ओर भागी। बिना रुके मैं रोती जा रही थी। बुरी तरह टूटी हुई मैं वहां खड़ी रही और मैं पार्टी में जोशीली तेज़ आवाज़ें सुन सकती थी, जिन्होंने आधी रात की तरफ बढ़ती घड़ी की टिकटिक के साथ उल्टी गिनती शुरू कर दी थी।

'5...4...3...2...1...हैप्पी न्यू ईयर!'

मैं बाहर के नज़ारे की कल्पना कर सकती थी, दोस्त गले मिल रहे होंगे और एक दूसरे को चूम रहे होंगे और उस साल के लिए अपनी उम्मीदों और संकल्पों की चर्चा कर रहे होंगे, जो अभी अभी आया था। मैं रेस्टरूम में खड़ी रही और हर गुज़रते हुए

मिनट के साथ और भी दयनीय महसूस करती रही।

किसी तरह मैंने खुद को समेटा और आंसुओं से लड़ी। मैंने काजल की उन उदास लकीरों को धोया जो मेरे गालों पर बह आई थीं और बेकरारी से चाहा कि अपने चेहरे को फिर से तरोताज़ा बना लूं। मैंने दुआ की कि कोई नहीं देख पाए कि मैं अंदर से टूट कर बिखर चुकी थी।

रेस्टरूम को पीछे छोड़ते हुए, मैं पार्टी के बीच से रास्ता बनाने लगी। मैं सुन सकती थी कि दोस्त मुझे पुकार रहे थे, लेकिन मेरी निगाहें दरवाज़े पर टिकी थीं। आंसुओं के फिर से शुरू होने से पहले मुझे जितनी जल्दी हो सके निकल जाना था।

मैंने महसूस किया कि दरवाज़े से सिर्फ कुछेक फुट पर आसिफ ठीक मेरे दाहिने खड़ा था। मेरे मन ने मुझे आगे देखते रहने और उसके सामने से निकल जाने को कहा। लेकिन बेशक, मैं ऐसा नहीं कर सकी। मुझे उस अजनबी को बस एक बार और देखना था, जिसने मेरे दिल के लाख टुकड़े कर दिए थे। जैसे ही मेरा सिर उसकी तरफ मुड़ा, मेरी आंखों में फौरन पानी आ गया।

ठीक उसी पल वो मेरी तरफ मुड़ा और हमारी निगाहें मिलीं। वह आंसुओं से भरी मेरी आंखों को देख कर जान सकता था कि कुछ बुरा हुआ था। और जैसे ही हमारी निगाहें मिलीं, यह साफ

पता चल गया कि वो जानता था कि मैं क्यों परेशान थी।

लेकिन रत्ती भर भी अपनापन ज़ाहिर किए बिना, उसने मेरी ओर से पीठ फेर ली और अपनी छूटी हुई बातचीत शुरू कर दी। यह हरकत अगर ज़्यादा नहीं तो उतनी ही चोट पहुंचाने वाली थी, जितनी उसकी थोड़ी देर पहले कही हुई बात थी।

अगले कुछ महीने मेरी ज़िंदगी के सबसे खराब महीने थे। मैंने खुद को अपने कमरे में बंद कर लिया, दोस्तों के फोन उठाने बंद कर दिए और खुद को सजा-संवार कर पेश करने की कोशिशें छोड़ दीं।

मेरे दिमाग में अब भी वही हादसा बार-बार चक्कर लगा रहा था जो उस तकलीफदेह नए साल पर हुआ था। दर्द अब मेरे दिल में और जज़्ब नहीं हो सकता था क्योंकि वहां खालीपन के अलावा और कुछ नहीं बचा था।

तभी एक दिन कुछ अजीब हुआ। मेरी देह पर छाया हुआ भारीपन हट गया। मेरी आंखों में घर कर चुकी उदासी छंट गई। मेरा दिल फिर से धड़कने लगा और अपनी रगों में मैं ज़िंदगी को दौड़ता हुआ महसूस कर सकती थी।

मेरे दिमाग में अब भी उस खौफनाक रात के वाकए घूम रहे थे। लेकिन अपने कड़वे दर्द को याद करने के बजाए, मैंने उस

अहसास को याद करना शुरू किया, जो मुझे उस रात की शुरुआत में हो रहा था। अपने दोस्तों के साथ होने वाली मज़ेदार बातें, मेरे बाल और मेरा मेकअप कितना सुंदर दिख रहा था और मेरी साड़ी कितनी शानदार दिख रही थी। उस पल मैंने महसूस किया कि मेरी ज़िंदगी के बदलने के लिहाज से देर नहीं हुई थी। जीवन में अच्छी चीज़ों के मज़े लेने के लिए मुझे दर्द भी भुगतना होगा।

अगले छह महीने मैंने अपनी सारी ऊर्जा जिम में लगा दी और मैंने सख्ती से एक डायट प्लान पर अमल करना शुरू किया। मैं जानती थी कि अपने बारे में अच्छा महसूस करने के लिए अपनी बॉडी को शेप में लाना अहम था।

हर हफ्ते मैं महसूस कर सकती थी कि मेरी देह बदल रही है। मेरी कमर पतली होने लगी और मेरा पेट पहले से मज़बूत और मज़बूत होने लगा। मेरे गालों की हड्डियां और गाल के निचले हिस्से ज़्यादा सजीले हो गए। मेरी स्किन चिकनी दिखने लगी और दमकने लगी। मुझे खुद को आईने में देख कर अच्छा लगने लगा।

मैं जाकर अपने लिए एक पूरा का पूरा नया वार्डरोब ले आई। मैंने वही कपड़े खरीदे जो मेरी बॉडी को उभारते थे और मुझे ऐसे कपड़े पहनने में भी डर नहीं था जिनसे मेरी देह दिखती हो। मुझ पर खूबसूरत ब्रा और पैंटियां चुनने का एक जुनून सवार हो गया।

मुझे लेस और नरम रेशम के बने अंडरवियर पसंद आते जो अपने बदन पर खूबसूरत अहसास देते और मेरी छातियों की तरफ ध्यान खींचते, जो हमेशा ही मेरी पसंदीदा खासियत रही है।

मैंने अपनी सामाजिक जिंदगी पर काम करना शुरू किया। जिन दोस्तों से मैं कुछ समय से नहीं मिली थी, उन्होंने जब मेरी कायापलट देखी तो हक्का-बक्का रह गए और उन्होंने मेरी मेहनत की दाद दी। मैंने अपने मुहल्ले के लड़कों के साथ डेट पर जाना शुरू कर दिया लेकिन उतना सीरिअसली नहीं। मैं किसी को अपने इतने करीब आने देने को तैयार नहीं थी, जहां से वो मेरा दिल तोड़ सके।

मेरे एक दोस्त ने जोड़ियां लगाने वाली भूमिका निभाने का फैसला किया और वो इसको लेकर पक्का था कि वो मेरे लिए एक काबिल आदमी खोज चुका है। एक अच्छे परिवार का एक कामयाब इंजीनियर, जो बहुत दिलकश था – पसंद नहीं आने लायक कुछ था?

मैं मान गई और उसने उस सड़क पर, जहां मैं रहती थी, थोड़ी दूर एक पोपुलर रेस्टोरेंट में आने वाले शनिवार के लिए तारीख तय कर दी। अगले कुछ दिन मैंने अपने पर फबने वाले कपड़ों की खरीदारी करते हुए बिताए। मुझे साड़ियां हमेशा प्यारी रही हैं और

मुझे सोने के काम वाली एक प्यारी सी गुलाबी साड़ी मिली, जिसके साथ मैंने एक सेक्सी, चौड़े गले वाली ब्लाउज़ ली जिसमें मेरा पेट और कंधे दिखते थे। मेरे लिए डेट पर साड़ी पहनना पुराना फैशन था, लेकिन मैं जानती थी कि यह मेरे उभारों को उभारती है और मुझे सबसे दिलकश रूप में पेश करती है।

शनिवार की शाम आ पहुंची। अपने मेकअप को आखिरी बार संवारते हुए मैं इत्मीनान से बैठी और कुछ देर उस पल का लुत्फ उठाया। मैं सीढ़ियों से उतरी और मेरी मां ने आह भरी और अपने मुंह पर अपने हाथ रख लिए। उसने बस मुझे देखा और आंखों में आंसू भर कर मुस्कुराई और मुझसे कहा कि उसने इससे ज़्यादा खूबसूरत कोई आदमज़ाद नहीं देखी है। मेरी मां ने कभी भी नहीं कहा था कि मैं खूबसूरत थी। मुझे इतना बड़ा झटका लगा कि मैं नहीं जानती थी कि मैं उसकी बात का कैसे जवाब दूं सिवाय इसके कि उसे गले लगा लूं।

दरवाज़े की घंटी बजी। मैंने अपनी शॉल और पर्स उठाई और अपने डेट का स्वागत करने के लिए आगे बढ़ी जिसे घर की नौकरानी भीतर ले आ रही थी। मेरे सामने पार्टी वाला वही आसिफ खड़ा था। यह अतीत के एक भूत को देखने जैसा था। अवाक, मैं खड़ी रही। मैं अपने चेहरे से उतरते रंग को महसूस कर सकती थी।

उसने कहा कि उसका नाम आसिफ था और वो वहां आलिया से मिलने आया था। मैंने अपने चेहरे पर फौरन एक मुस्कान चिपकाई और अपना परिचय दिया। पार्टी को हुए करीब एक साल बीत चुका था और यह साफ था कि मैं उसको याद नहीं थी।

रेस्टोरेंट के रास्ते में उसने थोड़ी बात करने की कोशिश की, लेकिन मेरे दिमाग में उसकी कोई भी बात नहीं आ रही थी। उसको कोई अंदाज़ा नहीं था कि मैं कौन थी। उसे कोई अंदाज़ा नहीं था कि उसकी वजह से मैं कई महीनों तक डिप्रेशन में चली गई थी।

मैंने फैसला किया कि मैं उसे इसकी ताकत नहीं देने जा रही कि वो मुझे असुरक्षित महसूस करा सके, जैसा उसने पहले किया था और मैं पक्के तौर पर रोते हुए भाग जानेवाली नहीं थी, जैसा मैं एक बार कर चुकी थी। मैं तो उसे अपनी इस रात को भी बर्बाद नहीं करने दूंगी।

हमने अपने लिए खाना और ड्रिंक मंगाया और एक बार चिल्ड व्हाइट वाइन का पहला गिलास गले में उतारते ही मैंने सुकून महसस करना शुरू किया। जो भला आदमी मुझे याद था, उसने अब उसकी जगह ले ली और मेरे दिल में घर करने लगा था। ज़्यादातर शाम हमने हंसते और अटपटी बातें करते हुए गुज़ारीं।

जैसे-जैसे शाम बीतती गई, मेरी सारी पुरानी भावनाएं फिर से सिर उठाने लगीं। उसकी महक, उसकी आवाज़, उसकी आंखों ने मेरे दिल और देह में उथल-पुथल मचा दी। यहां तक कि बातें करते हुए भी, मैं खुद को उत्तेजित होते हुए महसूस कर सकती थी।

हम रेस्टोरेंट से निकले और मरीन ड्राइव पर समुंदर के किनारे देर तक टहलते रहे। हममें से कोई भी नहीं चाहता था कि वह रात खत्म हो। हमने एक बेंच खोजी और उस पर कुछ देर तक बैठे, दूसरे कपल्स को फ्लर्ट करते और बच्चों को अपने मां-बाप के साथ खेलते देखते रहे। समंदर से आने वाली हवा के झोंके हमारे चेहरों को सहला रहे थे। उसने मेरा हाथ पकड़ लिया और हमारी उंगलियां एक दूसरे से गुंथ गईं। वो मेरे ऊपर झुका और मेरे होंठों पर मीठा चुंबन दिया। उसके होंठ उन सभी चीज़ों में सबसे नर्म थे, जिन्हें अब तक मैंने महसूस किया था।

मेरी आंखें उससे कह रही थीं कि वो मुझे फिर से चूमे। उसने ऐसा ही किया। हमने उस बेंच पर जोश में एक दूसरे को चूमा। लोग पास से गुज़र रहे थे। उसका चूमना ठीक वैसा ही था, जैसा होने की मैंने कल्पना की थी। फिर एक गहरी आवाज़ में, जो मेरे कानों के लिए इतनी जानी पहचानी थी, उसने मुझे अपने अपार्टमेंट में चलने को कहा, जो उस सड़क पर कुछ दूर पर था।

ना कहने की कोशिश करते हुए मेरे होंठ कांपे। यह मेरी बारी थी उसे बताने की, लेकिन मेरे दिल ने अपना मन खुद बना लिया और मैंने खुद को हांफती हुई हां कहते हुए सुना।

अपने नरम, नाज़ुक हाथ से उसने मेरा हाथ थामा और अपने घर की तरफ ले चला। हर कदम के साथ मेरी धड़कनों की रफ्तार तेज़ से तेज़तर होती जा रही थी। रात की हवा गर्म थी लेकिन उस गर्माहट से उसका कोई मुकाबला नहीं था, जिसे मैं अपनी देह में महसूस करने लगी थी। मेरा पेट सख्त हो चला था।

उसने सधे हुए हाथों से दरवाज़ा खोला। हमारे भीतर जाते ही उसने दरवाज़ा बंद कर दिया और अपने हाथ मेरे चेहरे पर रखे। उसने अपने होंठ मेरे होंठों से लगाए और हमने ऐसे पुराने प्रेमियों की तरह जोश में भर कर एक दूसरे को चूमा, जिनका बस अभी-अभी फिर से मिलन हुआ हो।

हमारे होंठों ने उतनी देर की मोहलत ली, जितनी देर में वो अपने बेडरूम की तरफ घूम सके। उसने मुड़ कर मुझे देखा मानो वो मुझसे भी यही चाहता हो। जब वो धीरे-धीरे मुझे अपने बेडरूम में ले जा रहा था, तब जो होने वाला था उसका अंदाज़ा लगा कर और उत्तेजना में मेरी टांगें कमज़ोर पड़ने लगी थीं।

अपने शर्ट के बटन खोलते हुए उसने मेरी आंखों में गहराई से

देखा। मैंने उसके सीने पर अपने हाथ रख दिए, धीरे-धीरे मेरे हाथ उसके कंधों तक पहुंचे और फिर उसकी शर्ट को फर्श पर उछाल दिया।

अगले कुछ मिनट उसने धीरे-धीरे, हर तह को खोलते हुए मेरी साड़ी उतारने में लगाए। मेरे कपड़े उतारते हुए उसकी उंगलियों ने मेरी स्किन को हौले से छुआ। उसकी हर छुअन इतनी नाज़ुक थी मानो मेरी देह पतले शीशे से बनी हो जो उसकी जरा सी खुरदरेपन से बिखर जाएगी। उसने अपनी बेल्ट खोली और अपनी पैंट उतार ली।

पोशाक के बगैर अब मैं सकुचाते हुए अपनी लेस की ब्रा और पैंटी में खड़ी थी। मैंने अपना सबसे पसंदीदा जोड़ा चुना था — लाल लेस का बना हुआ, उस नए साल की शुरुआत पर पहनी गई साड़ी जैसा लाल। मैंने महसूस किया कि उसकी आंखें मेरी देह के हर हिस्से को निगल रही हैं। मैंने खुद को असुरक्षित और एकबारगी ही बेडौल महसूस किया।

मैं कुछ और न कर सकी, बस उसकी देह की संपूर्णता में पनाह ले ली। उसकी कसी हुई, मांसल टांगें मज़बूती से टिकी रहीं और उसके मज़बूत हाथ मेरी कमर को पकड़ने के इंतज़ार में थे। मुझे लगा कि मैं उसके आगे छोटी हूं और लालसा से कमज़ोर

पड़ गई हूं।

उसने मेरी गर्दन के पीछे अपना हाथ रखा और अपने बिस्तर पर धीरे-धीरे लिटा दिया। मैं उसके नाइटस्टैंड की ओर झुकी ताकि लाइट ऑफ कर दूं, लेकिन मैं ऐसा कर पाती उसके पहले ही उसने मुझे रोक दिया।

मैंने उससे फुसफुसा कर कहा कि मैं अपनी बॉडी को लेकर कॉम्फर्टेबल नहीं हूं। जवाब में एक गहरी फुसफुसाहट में उसने मुझे बताया कि मेरी देह परफेक्ट है और वो पल भर के लिए भी अपनी नज़रें मुझ पर से हटाना गवारा नहीं कर सकता।

हम जोश में भर कर एक दूसरे को चूमने लगे। एक दूसरे की देह से हमने अपने होंठ उस दौरान कभी भी नहीं हटाए, जब हम अपनी देहों के सबसे उकसाने वाले हिस्सों से रू ब रू हो रहे थे। हमारी देह जोश के साथ एक दूसरे से टकराई। हमारी देहों का हरेक पल एक दूसरे की लय पर मचल रहा था। मेरी देह को मज़े का अहसास कराने के लिए अपनी हरेक पेशी का इस्तेमाल करते हुए उसकी सांस गहरी होती गई।

मैं कराहने लगी थी – प्यार की उस न थमने वाली लय ने मेरी देह को लपटों के हवाले कर दिया था। उसकी पीठ को थामे हुए मेरे हाथ मानो अपने शिकार को पकड़े हुए चीते के पंजों की तरह

थे। वो मेरी देह को आनंद से भर रहा था और मेरी उंगलियां गहरे रंग की उसकी दमकती हुई देह में धंसती जा रही थीं।

कमरा लालसा की बू से भर गया था और अपनी वहशी चाहतों को पूरा करते हुए हम करीब से करीबतर होते जा रहे थे। वो हमारे लिए चरम आनंद ले कर आ रहा था और बिस्तर खड़खड़ाने लगा था, हमारी धड़कनें भागी जा रही थीं और हम ज़ोर-ज़ोर से कराहने लगे थे।

मैंने पहले कभी भी ऐसी सनसनी महसूस नहीं की थी। मानो मेरी रगों में बिजली दौड़ रही हो। हम वहां पड़े रहे और लगा कि हमेशा से हम वैसे ही रहे थे, एक दूसरे को चूमते हुए। मैं कई कई दिनों तक उसकी तरह रह सकती थी। मेरे ऊपर उसकी देह, उसकी कमर से मज़बूती से लिपटी हुई मेरी टांगें। जब उसने मेरी गर्दन और कंधों पर इस कदर जोश से चूमा तो मेरा दिल पिघल गया। फिर वह थक कर सो गया।

मैं बता नहीं सकती कि क्यों, लेकिन जैसे-जैसे मेरा दिल शांत होने लगा और सिहरती हुई सनसनी ने मेरी देह में तरंगें पैदा करना बंद किया, मुझे अपनी रूह में एक भारीपन महसूस हुआ। उसका सोता हुआ चेहरा देखते हुए, मुझे उसकी क्रूरता की याद आई जो उसकी खूबसूरती के इतनी उलट थी। नए साल पर मैंने जो दर्द

महसूस किया था, वो मेरी देह में दौड़ उठा। हमारी रात महज एक याद बन गई और मैंने महसूस किया कि हमारी मुलाकात से इससे ज़्यादा और कुछ कभी भी हासिल नहीं हो सकेगा। मेरा दिल नए साल की उस रात को कभी भी भुला नहीं सकेगा।

मैं बिस्तर से उतरी और चुपचाप रेस्टरूम में गई ताकि खुद को सहेज कर ठीक कर सकूं। मैंने अपनी शॉल और पर्स उठाया और दरवाज़े की ओर बढ़ी। जैसे ही मेरे हाथ ने दरवाज़े की नॉब को छुआ, उसने मेरा नाम पुकारा और मैं जड़ हो गई। मैंने चुपचाप निकल जाने की उम्मीद की थी लेकिन ऐसा होने नहीं वाला था।

मानो वो जानता था कि वो मुझे फिर कभी नहीं देख पाएगा, उसने मेरा हाथ थामा और अलविदा कहा। मैं मुस्कुराई लेकिन मैंने कुछ कहा नहीं। मैं दरवाज़े से निकल पाती, इसके पहले उसने मेरा नाम एक बार और पुकारा।

उसने मुझे कहा कि जब उसने डेट के लिए मुझे दरवाज़े से होकर आते हुए देखा, वह बस यही सोच सकता था कि मैं कितनी खूबसूरत थी। उसने कहा कि यही बात उसने तब भी सोची थी, जब वो नए साल की पार्टी पर मुझसे पहली बार मिला था। जब मैं मुड़ कर अपने घर लौटने लगी, उसने गहरी आवाज़ में बुदबुदाते हुए कहा कि उस शाम के लिए उसे अफसोस था। मैं इस कदर

सन्न थी कि मैं कुछ नहीं कह सकी।

मरीन ड्राइव होकर जब मेरी टैक्सी मुझे अपने घर लेकर लौट रही थी, मैंने शीशे को नीचे किया और हवा को अपने बाल बिखेर लेने दिए। रेडियो पर एक उदास, प्यारा सा गीत बज रहा था और मैंने उस बूढ़े तुनकमिजाज़ टैक्सी ड्राइवर से कहा कि वो आवाज़ बढ़ा दे। सड़क खाली थी, समुंदर जाग रहा था और गीत कार को गुंजा रहा था। मैं खुश और उदास, अकेली और भरी हुई महसूस कर रही थी। मैं उस जादुई रात को कभी भुला नहीं पाऊंगी, जो हमने साथ गुज़ारी। लेकिन मैं कभी लौट कर नहीं जाऊंगी। तब मुझे यह समझ में आया कि इस खूबसूरत आदमी ने मेरी ज़िंदगी में क्या भूमिका निभाई थी – उसी की वजह से मैं एक औरत बनी थी।

कॉल सेंटर

मेरा नाम दिलप्रीत है। बेंगलुरू की एक अच्छी सी सॉफ्टवेयर कंपनी में कॉल सेंटर रिप्रेजेंटेटिव की एक बढ़िया सी नौकरी है। असल में, बात इसके उलट है। मैं एक क्यूबिकल में दिन के आठ घंटे लोगों के एक जैसे सवालों वाले एक के बाद एक कॉल सुनता हूं।

मुझे गलत मत समझिए – मुझे अपनी जॉब पसंद है। मेरी अच्छी आमदनी है और इसमें ठीक-ठाक सुविधाएं हैं। ग्राहक ज़्यादातर खुशनुमा लोग हैं और मुझे उनका अमेरिकी लहजा बहुत पसंद आता है। मेरा नाम सुनकर अमूमन वे हंसते हैं। देखिए, हमारे कॉल सेंटर में हमें अपने ज़्यादातर अमेरिकी ग्राहकों का ख्याल रखते हुए मिलते जुलते नाम रखना होता है। मेरा नाम 'पीटर' है। कंपनी सोचती है कि लोग दिलप्रीत के बजाए पीटर से बात करते हुए ज़्यादा सहज महसूस करेंगे, भले मैं जिन ग्राहकों से बात करता हूं, उनमें से ज़्यादातर इस पर पल भर के लिए भी यकीन नहीं करें कि यह मेरा असली नाम है।

जब मैंने ज्वाइन किया था, पूरे कॉल सेंटर का कामकाज सीनियर कॉल सेंटर एक्ज़ीक्युटिव देखती थी। उसका नाम कल्पना था। वो गज़ब की लड़की थी। वो इस कदर खूबसूरत थी कि जैसे ही वो कमरे में दाखिल होती, मर्द उसे देखे बिना नहीं रह पाते थे। हम

सब जानते थे कि वो एक ऊंची उड़ान के लिए पंख पसार चुकी थी – और सीईओ उसे अपने दाहिने हाथ के रूप में देख रहा था। तो वो बला की स्मार्ट थी, कामयाब और हॉट थी। क्या मेल था। हर कोई कल्पना के कुशल और सेक्सी कॉन्फिडेंस से आतंकित रहता था। मर्द लोग इसके बारे में सपने देखते रहते कि उसके साथ होना कैसा होगा और औरतें इसके बारे में सपने देखतीं कि उसके जैसा होना कैसा होता होगा।

हमारे कॉल सेंटर में किसी मर्द को उसके साथ होने का कोई दूर दूर तक का मौका भी हाथ नहीं लगा था। उसे परफेक्ट 10 कहते थे - खूबसूरती के पैमाने पर उसका कोई जोड़ न था। इसके अलावा उसके पास बहुत ऊंची सैलरी वाला करियर और चमचमाती नई ऑडी थी। शहर के ज़्यादातर एलीट कुंवारे उसकी राह में नज़रें बिछाए रहते थे।

कॉल सेंटर में मुझे जॉब मिले छह महीने हुए होंगे कि ऐसा कुछ हुआ जिसने मेरी दुनिया को पूरी तरह से बदल दिया।

मैं काम पर गया तो सेंटर में तनाव के बादल मंडराते हुए दिख रहे थे। कुछ कलीग्स वाटर कूलर के पास जमा थे, इसलिए मैं वहां गया और पूछा कि क्या उन्हें कुछ पता था कि क्या हो रहा था। उन्होंने बताया कि एक शिफ्ट सुपरवाइज़र ने कंपनी छोड़ दी है

और अपने साथ चार और लोगों को ले गई है।

कॉल सेंटर में काम करने वालों की तादाद उतनी ही थी, जितनी सभी कॉलों को समय पर, सही तरीके से सुनने के लिए ज़रूरी होती है। चार लोगों और एक सुपरवाइज़र के नुकसान का भारी असर कंपनी पर हो सकता था। कॉल का कोटा पूरा नहीं होगा जिसका मतलब बोनस नहीं मिलेंगे। यहां तक कि लोगों को एक दिन की छुट्टी मिलनी भी मुश्किल हो जाएगी।

जब मैं अपने क्यूबिकल में कॉल्स सुन रहा था, बाहर गलियारे में आ-जा रही कल्पना की हाई हील जूतों की खटखटाहट सुनाई दे रही थी। शायद वो किसी की तलाश में थी, जो छोड़ कर गए उन लोगों की शिफ्ट का काम भी देख लेते। मैं पक्का नहीं था, लेकिन मेरा कौतूहल बढ़ता जा रहा था जब मैंने उसके जूतों को अपने क्यूबिकल के करीब, और करीब आते हुए सुना।

और तभी यह हुआ। जब मैं 'डलास, टेक्सस के जॉन' से बातें कर रहा था कि क्यों उसका डेबिट कार्ड ब्लॉक हो गया था, कि मैंने महसूस किया कि बेले की खुशबू ने मुझे घेर लिया है। मेरा दिल तेज़-तेज़ धड़कने लगा था। जब मैंने अपने मॉनीटर पर पीछे कल्पना की आवरग्लास फिगर को देखा, मेरे हाथों में पसीने आने लगे।

वो इसके पहले कभी भी मेरे क्यूबिकल में नहीं आई थी। असल में वो इसके पहले कभी भी मेरे इतने करीब नहीं आई थी। मैं जानता था कि यह मेरे लिए अपनी पहली यादगार छाप छोड़ने का एक अकेला मौका था।

जब मैं पीछे मुड़ा और उससे मिलने के लिए फुर्ती से कूद कर उठ पड़ा, तभी कुछ ऐसा हुआ जिसके बारे में सोचा नहीं जा सकता था। मैंने अपने हेडफोन नहीं हटाए थे। और मैं जान पाता इसके पहले ही मुझे हेडसेट के तार ने वापस खींच लिया और मैं फर्श पर था।

मैं वहां एक चीथड़े के रूप में पड़ा था और ऑफिस की सबसे हॉट औरत के सामने अपनी भद पिटा चुका था। कल्पना अपने मुंह पर हाथ रखे मुझे देख रही थी और बेकरारी में अपनी हंसी रोकने की कोशिश कर रही थी। जिन्होंने गिरने की ज़ोर की आवाज़ सुनी थी, अब यह देखने के लिए झांकने लगे थे और मेरे क्यूबिकल में थे कि क्या हुआ था। मैं एक बुरा सपना देख रहा था, फर्क यही था कि यह हकीकत थी, कोई सपना नहीं। अब मुझे इसको लेकर कम से कम महीने भर तक छेड़ा जाएगा।

मैंने अपना सिर उठाया और कल्पना से पूछा कि क्या ऐसी कोई परेशानी थी, जिसमें में उसकी मदद कर सकता था। अब भी

अपनी खिलखिलाहटों पर काबू पाने की कोशिश करते हुए, उन्होंने खुद को इतना संभाल लिया था कि मुझसे पूछ सकें कि क्या मैं अगले हफ्ते में कुछ नए आए लोगों की ट्रेनिंग देने में मदद कर सकती हूं। फर्श पर पड़े पड़े ही मैं मुस्कुराया और हां कह दिया।

उसने मुझे थैंक्स कहा और मुझे अपनी शिफ्ट खत्म हो जाने के बाद अपने ऑफिस में बुलाया। जब वो अपने ऑफिस लौट रही थी, मैं अभी भी फर्श पर उसकी हील्स की वाइब्रेशंस फील कर पा रहा था। और इसने मेरे दिल की धड़कनें बढ़ा दी थीं।

मैं बस यही सोच पा रहा था कि मैं कितनी खुशकिस्मत थी कि ऑफिस में लोगों के दिलों की यह रानी ने मुझसे कहा था कि मैं उसकी मदद करूं! शायद यह तरक्की पाने का मेरा मौका हो। शायद यह ऊंची जगह पर जाने की सीढ़ी हो जहां वो कभी मेरे साथ डेट पर जाने की सोच सकेगी। हालांकि ऐसा होने की संभावना बहुत कम थी, लेकिन इसके बारे में सपने देखने में हमेशा ही मज़ा आता था।

मैंने अपनी शिफ्ट के खत्म होने की उल्टी गिनती शुरू की। आखिरी पंद्रह मिनट बहुत धीमे गुज़रे। ऐसा लग रहा था मानो वक्त ठहर गया हो और मैं हर मिनट के गुज़रने का बड़ी बेसब्री से इंतज़ार कर रहा था।

आखिरकार, मेरी शिफ्ट खत्म हुई। अगले कुछ पहलों में मैं कल्पना के साथ आमने सामने बैठने वाली थी। मेरी नसें फड़कने लगी थीं और मैं खुद से पूछ रही थी कि क्या मैं अच्छा दिख रहा हूं। कि क्या मेरी सांसें ठीक हैं और क्या सवेरे डियोडोरेंट लगाना मुझे याद रहा था।

मैंने अपना सामान समेटा और रेस्टरूम की तरफ भागा। आईने में देखते हुए, मैंने अपने हाथ भिगोए और अपने बालों को नया लुक देने की कोशिश की, लेकिन यह कारगर नहीं रहा। सिर्फ एक उंगली और नल का इस्तेमाल करते हुए मैंने अपने दांतों को जल्दी जल्दी साफ किया। मैं लंच की गंध से छुटकारा नहीं पा सका। मैंने च्यूइंग गम के चार टुकड़े निकाले और मुंह में डाल कर चबाने लगा।

वक्त भागा जा रहा था। मैंने अपनी घड़ी देखी और मुझे इसका अहसास हुआ कि मैं खुद को तैयार करने के लिए रेस्टरूम में 10 मिनट बिता चुका हूं। मज़ेदार बात ये है कि मैं यहां आते वक्त जैसा दिख रहा था, अब भी वैसा ही था, बस अब मेरी सांसों में ताज़गी थी।

कल्पना के ऑफिस में जाने से पहले मैंने आईने के सामने इस बात की प्रैक्टिस की कि मैं उससे कैसे मिलूंगा। आखिरकार, मैंने

हिम्मत जुटाई और दरवाज़े से बाहर निकला। मैं उसके ऑफिस में घुसा, बैठ गया और कुछ नहीं बोला। आखिर मुझे हुआ क्या था? मेरे दिमाग को क्या हुआ था जो मेरे मुंह को कुछ कहने के लिए संदेश नहीं भेज रहा था!

जब हम वहां एक दूसरे को घूरते हुए बैठे रहे, उसके चेहरे पर एक शानदार मुस्कान खिल उठी। उसने मुझे मदद करने के लिए थैंक्स कहा और इस बात पर ज़ोर दिया कि यह कंपनी के लिए कितना अहम था।

हम वहां कुछ घंटे तक नए लोगों को ट्रेनिंग देने और जितनी जल्दी मुमकिन हो काम पर ले आने की रणनीति बनाते हुए बैठे रहे। मैं किसी तरह कल्पना के साथ अपनी दीवानगी को पीछे छोड़ने में कामयाब हो गया और ट्रेनिंग के प्लान पर ध्यान लगाया। हमारे काम खत्म करने तक पूरा ऑफिस खाली हो गया था। अपने आसपास के खाली ऑफिसों और क्यूबिकल्स के अंधेरे के समंदर में हम दोनों बैठे रहे।

मुझे समझ में आ गया था कि कल्पना मेरे साथ अधिक सहज होने लगी थी। उसने अपने बालों का उलझा हुआ जूड़ा बना लिया था। उसने अपने जूते उतार लिए थे और कुर्सी पर पांव रख कर बैठी हुई थी। यह हैरानी की बात थी, क्योंकि वो हमेशा ही

इतनी फॉर्मल दिखती थी और हमेशा पूरी तरह सलीके से रहती थी। लेकिन मुझे यह पसंद आया था।

जब हमने काम से मोहलत ली और कोक लाने के लिए सॉफ्ट ड्रिंक मशीन तक गए, हमने गीतों और फिल्मों के बारे में बातें कीं। मेरी ही तरह, वो पुरानी बॉलीवुड फिल्मों की दीवानी थी और हमने अपने अपने पसंदीदा एक्टरों और गीतों के बारे में एक दूसरे से बातें कीं।

कल्पना मुझसे कम से कम पंद्रह साल बड़ी थी, लेकिन जब हमने धीरे धीरे एक दूसरे को छेड़ना और फिकरे कसना शुरू किया तो मुझे इस फर्क का एहसास ही नहीं रहा। यह अजीब लग सकता है, लेकिन हमारा ट्रेनिंग सेशन एक डेट की तरह लगने लगा था। और सिर्फ एक डेट की तरह नहीं, बल्कि एक अच्छी डेट की तरह।

आधी रात होने को थी जब उसने मुझे पूछा कि क्या मुझे घर जाना था। मुझे काम पर आए काफी वक्त बीत गया था, लेकिन उसके साथ होने भर से मुझे उर्जा मिल गई थी। थोड़े मज़ाक में लेते हुए मैंने उससे यों ही कहा कि कंपनी के फायदे के लिए थोड़ी परेशानी उठाने में मुझे खुशी होगी।

वो हंसी। उसके हंसने के तरीके में कुछ सेक्सी था। फिर अनजाने में ही मैं बेवकूफी की कोई छोटी सी बात कहने की

कोशिश करने लगा था, ताकि मैं उसकी हंसी फिर से सुन सकूं। उसने कहा कि वो कभी भी मेरे जैसे किसी इंसान से नहीं मिली थी और बड़ी अदा से फर्श की तरफ देखते हुए उसने कहा कि उसे यकीन नहीं था कि ये एक अच्छी बात थी कि नहीं।

क्या वो मेरे साथ फ्लर्ट कर रही थी! मुझे यकीन नहीं हो रहा था! उसने मुझे देखा और पूछा कि क्या मैं एक राज़ को अपने तक रख सकता हूं। मैंने भरोसे के साथ हां कहा और उससे पूछा कि वो राज़ क्या था।

क्या यह ऑफिस की कोई मज़ेदार गप थी, जिसे सिर्फ टॉप लेवेल के लोग ही जानते थे? क्या मैं नया सुपरवाइज़र बनने जा रहा था?

उसने कुछेक मिनट मेरी ओर देखा, लेकिन बोली कुछ भी नहीं। फिर, धीरे धीरे अपनी डेस्क की बगल के केबिनेट तक जाकर उसने वाइन की एक बोतल निकाली। नटखट तरीके से वो मुस्कुराई और अपने कंधे उचकाए मानो वो एक टीनएजर हो, जिसने अपने मां-बाप की छुपाई हुई शराब की बोतल अभी अभी चुराई हो।

काम की जगह पर शराब की किसी भी हालत में इजाज़त नहीं थी। खैर, वह नियम शायद कम तनख्वाह वाले कर्मचारियों के

लिए था। उसने पूछा कि क्या उसके कुछेक घूंट ले लेने पर मुझे एतराज़ होगा। मैंने कहा कि बिल्कुल नहीं, मैं पूरी तरह समझता था कि यह एक लंबा, तनावभरा दिन रहा था और उसे सुकून पाने के लिए जो ज़रूरी हो, उसे वह करना चाहिए...

उसने होशियारी से मेल ओपनर का इस्तेमाल करते हुए बोतल खोल ली। मैं इंप्रेस्ड हो गया।

पास में कोई गिलास नहीं था, इसलिए उसने बोतल से सीधे ही कुछ घूंट भरे। कुछ कहे बिना, उसने बोतल मेरी ओर बढ़ा दी। मैच्योर और एक बिंदास दिखने की कोशिश करते हुए मैंने बोतल पकड़ी और एक बड़ी घूंट ली।

मुझे असल में वाइन का शौक नहीं था, मैं ज़्यादातर बियर और व्हिस्की लेता था। फिर भी मैंने उसे बर्दाश्त किया, कल्पना के साथ बारी-बारी से पीता रहा। कुछ देर के बाद, उसका स्वाद उतना खराब नहीं रह गया। काम पर लौटने का फैसला करने से पहले हमने पूरी बोतल खत्म कर ली थी। मज़ा आया था, लेकिन यह बात अहम थी कि हम आने वाली ट्रेनिंग के लिए फिर से काम पर लग गए थे।

कल्पना उठी और उसने ट्रेनिंग शेड्यूल के लिए एक एजेंडा बनाया। मेरी ठीक बगल में खड़ी होते हुए उसने टेबल पर मेरे

सामने शेड्यूल रखा। वह झुकी और बताने लगी कि ट्रेनिंग के हिस्से के रूप में होने वाली टेस्ट कॉल्स के ज़रिए ट्रेनीज़ की रेटिंग कैसे करें। ईमानदारी से कहूं तो मेरे दिमाग में कुछ भी नहीं आ रहा था कि वो क्या कह रही थी। बस बोलते हुए मेरी बांह को छूती हुई उसकी बांह का ही ख्याल मुझे आ रहा था। मैं उसकी देह की गर्माहट को महसूस कर रहा था, उसके चेहरे पर झूल रहे उसके बालों को महसूस कर रहा था और मैंने पाया कि मेरी रगों में मेरा खून कुलांचे मारने लगा था।

चोरी छुपे मैंने उसको देखा और उसकी सफेद सूती ब्लाउज़ में कसी हुई उसकी भरपूर छातियों की झलक मिली। उसकी बगल में खड़े हुए हमारे सिर टेबल पर झुके हुए थे और मैं दुआ कर रहा था कि उसे यह बात पता न लगे कि मैं उत्तेजित हो चुका था। शायद यह वाइन और गहराई हुई रात का असर था, लेकिन उसकी हरेक हरकत पर उत्तेजित होने से मैं चाह कर भी खुद को रोक नहीं पा रहा था।

अब भी नर्म आवाज़ में ट्रेनिंग के बारे में बातें करते हुए, वो मुड़ी और मेरी ठीक बगल में डेस्क पर बैठ गई। अब उसका चेहरा मेरी तरफ था और मुझे उसकी आंखों और उसकी बातों पर ध्यान लगाए रखने के लिए अपना पूरा ज़ोर लगा देना पड़ा।

उसने अपनी एक टांग दूसरे पर चढ़ाई। उसकी टाइट-फिटिंग की स्याह रंग की स्कर्ट उसके घुटनों पर काफी ऊंची उठ गई। ऑफिस में ठंडक हो गई थी और वो खुद को गर्माने के लिए बड़े दिलकश अंदाज़ में धीरे धीरे अपनी टांगें एक दूसरे में रगड़ने लगी थी।

जब वो अपने फोन पर कोई ई-मेल चेक करने के लिए रुकी, तो मैं उसकी लंबी, सेक्सी टांगों की एक झलक लेने से खुद को रोक नहीं सका। मैं अपनी सीट में हौले से तब तक कसमसाता रहा, जब तक मुझे उसकी पैंटियों की झलक नहीं मिल गई। मेरे दिल में हथौड़े चल रहे थे और मेरी सांसें कुछ भारी हो गई थीं।

मेरी चढ़ी हुई सांसों पर गौर करते हुए उसने मुझसे पूछा कि क्या मैं ठीक था। मैंने फौरन ये कहते हुए कंधे उचकाए कि मुझे वाइन की वजह से हल्की सी बेहोशी जैसी लग रही है। कल्पना ज़ोर देकर मुझे अपने ऑफिस के दूसरे सिरे पर एक छोटे से काउच के पास खींच कर ले गई। उसने मुझे लिटा दिया और मेरी ललाट पर अपना हाथ रखा। मेरी स्किन पर उसके नर्म हाथों की छुअन ने मेरी पूरी देह में सनसनी फैला दी।

उसने कहा कि मेरी देह गर्म है और मुझे कुछ मिनट आराम करना करना चाहिए। उसके हाथ मेरी ललाट से फिसल कर मेरे

गालों पर आए और फिर उसके बाद मेरी गर्दन पर। मेरी शर्ट के दो बटनों को खोलते हुए वो अपनी हथेलियां हौले हौले मेरे सीने पर घुमाने लगी।

मैं वहां काउच पर लेटा रहा। कल्पना मेरे ऊपर झुकी हुई थी। मैं उत्तेजित लेकिन पूरी तरह आतंकित था। खौफ और लालसा में मेरी देह को मानो लकवा मार गया था।

अब यह बात छुपी हुई नहीं रह गई थी कि मैं पूरी तरह उत्तेजना में था। क्या वो बिगड़ जाएगी? क्या मेरी नौकरी चली जाएगी? उसने अपने हाथ अब मेरे सीने से होकर मेरे पेट की तरफ बढ़ाए थे और फिर उसके आगे बढ़ते हुए हौले से मेरी मर्दानगी को सहलाते हुए अब उसकी उंगलियां मेरी जांघों पर जाकर ठहर गईं। मैंने महसूस किया कि अपनी छुअन से वो मेरी हंसी उड़ा रही थी। वह मासूमियत में चिंता ज़ाहिर नहीं कर रही थी – वो मेरे साथ फ्लर्ट कर रही थी।

वो मेरे ऊपर खड़ी रही और उसने अपनी ब्लाउज़ के बटन खोलने शुरू किए। धीरे धीरे उसने ब्लाउज़ हटा दिया और उसे फर्श पर गिर जाने दिया। उसकी छातियां उसकी ब्रा पर झूल गईं और मैं बस यही कल्पना कर सकता था कि मैं अपने मुंह से उसकी ब्रा को फाड़ कर हटा रहा हूं। उसके हाथ उसकी कमर तक

गए और उसने धीरे से अपनी स्कर्ट की ज़िप खोल दी। कल्पना घुटनों के बल बैठी और अपने होंठ मेरे होंठों पर लगा दिए। हम जोश में एक दूसरे को चूमने लगे। मैं इतना भूखा था कि अब मैं खुद को जानवर की तरह लगने लगा था।

मैं उसकी मजबूत देह को अपने ऊपर महसूस कर सकता था। मेरी उंगलियां उसकी पीठ से होते हुए उसके कूल्हों की तरफ बढ़ने लगी थीं। उसकी चिकनी, गहरी स्किन मेरी उंगलियों के पोरों पर रेशम की तरह लग रही थीं। वो बैठ गई और अपनी ब्रा हटाते हुए अपने खूबसूरत, भरपूर छातियों को खोल दिया।

उसने मेरे चेहरे पर हल्के से तनाव पर गौर किया और पूछा कि क्या मैं उसे रोकना चाहता था। उसको जवाब देने से पहले मैं थोड़ा ठहरा। ऐसा नहीं था कि मैं उसे रोकना चाहता था। मैं इसके पहले कभी किसी औरत के इतने करीब नहीं हुआ था, और मैं घबराया हुआ था। क्या मैं इस हसीन, अपने से बड़ी औरत को संतुष्ट कर पाऊंगा?

जब मैं उसे ये बात बताने का साहस जुटा पाया तो उसने अपनी सेक्सी मुस्कान के साथ मुझे देखा भर और परेशान नहीं होने को कहा। वो मुझे सिखाएगी कि प्रेम कैसे करते हैं।

उसने मेरी बेल्ट खोली और धीरे धीरे मेरी पैंट हटाई। उसके

हाथों ने मेरी देह के किसी भी हिस्से को अनछुआ नहीं छोड़ा। मैंने अपने हाथ उसकी नंगी छातियों पर रखे। वे उससे भी ज़्यादा नरम थे, जितनी मैंने कल्पना की होती। अपनी छातियों पर मेरी उंगलियों की हल्की हरकों की सनसनी ने उसमें सिहरन पैदा कर दी और वो कराहने लगी। मैं देख सकता था कि उसकी पूरी देह पर रोंगेटे खड़े हो गए थे।

जब वो मेरे ऊपर बैठी, मैं महसूस कर सकता था कि उसकी देह एक गोल-गोल घेरे में लय पर घूमने लगी थी, जिससे मेरी देह में एक बेकाबू सा उन्माद जगा रही थी। जब मैं उसमें दाखिल हुआ, उसके मुंह से एक फीकी सी कराह निकली। हमारी देहों की लय ने गति पकड़ ली थी।

अचानक, अंतरंगता मेरे लिए उतनी नई नहीं रह गई। यह दुनिया की सबसे कुदरती चीज़ जैसी महसूस हो रही थी। कल्पना अब भी मेरे ऊपर थी, उसने अपनी टांगें मुझसे लपेट ली थीं और इसी हालत में मैं खड़ा हो गया। मैं उसे डेस्क कर ले आया और उसे हौले से लिटा दि़या।

जब मैंने जोश के खेल में पहलकदमी अपने हाथों में ली, उसने नज़रें उठा कर मुझे देखा। उसकी गहरी आंखों में लालसा भरी थी। मेरी देह के जल्दी-जल्दी झूलते हुए आगे-पीछे होने डेस्क भी

हिलने लगी थी। जब मैं कल्पना को आनंद के शिखर पर ले जाने लगा, वो बस फुसफुसाते हुए इतना ही कह पाई- 'प्लीज़'।

मुझे पता था कि उसे क्या चाहिए था। जब हमारी देहों ने चरम आनंद के शिखर जाते हुए अपनी गति को तेज़ किया, कल्पना ने मज़बूती से अपनी बांहों से मुझे कस लिया था, हमारे होंठ एक दूसरे को भींच रहे थे।

उस रात हमने जो हासिल किया, उसको बस सुख की इंतहा कह सकते है। यह एक ऐसी रात थी, जिसे मैं कभी भूलने वाला नहीं था।

हमने एक कंबल उठाई और काउच पर पूरी रात एक साथ बिताई। जल्दी ही सुबह के 6 बज गए और कल्पना का अलार्म बज उठा। अपने कपड़े और निजी चीज़ें लेने के लिए जल्दी जल्दी जाते हुए, जितना कर सकते थे, हमने खुद को साफ किया और किसी के आ जाने से पहले ही ऑफिस से निकल लिए।

अपने घरों को जाते हुए, हमने एक कप कॉफी के लिए रुकने का फैसला किया। हम दोनों अपने चेहरों से मुस्कान हटा नहीं पा रहे थे। कल्पना ने मुझे बताया कि उसने हमारी साथ बिताई गई रात का कैसा लुत्फ उठाया था। यह एक ऐसी चीज़ थी, जिसे वो कभी भुला नहीं सकेगी। लेकिन यह एक ऐसी चीज़ भी थी, जो

दोबारा नहीं हो सकेगी। राह में काफी सारी चीज़ें थीं और आगे चल कर इसे कामयाब नहीं होना था।

मैं थोड़ा निराश हुआ लेकिन मैंने उसे बताया कि मैं समझ सकता था। मैं बस उसके साथ उस बेजोड़ रात को पाकर खुश था और मुझे इसकी खुशी थी कि उसने मेरा कैसा खयाल रखा था और मेरे अनुभव की कमी के बारे में मेरे डर को दूर किया था।

कल्पना के साथ वो मेरी आखिरी बातचीत थी। इन दिनों कॉल सेंटर में जब भी हम एक दूसरे के करीब से गुज़रते हैं, हम एक दूसरे को हाय कहते हैं, लेकिन बस इतना ही। हम छुपी हुई मुस्कानों के ज़रिए एक दूसरे से बातें करते हैं।

सिनेमाघर

राजेश मर्द बनने की कगार पर था। उन्नीस साल के हो चुके ज़्यादातर लोगों की तरह वो भी अपने छोटे से कस्बे बेलापुर से निकलने के सपने देखता था, जहां कभी भी कुछ भी रोमांचक नहीं होता था। उसे रोमांच और रोमांस की ललक थी, जिसे वो अक्सर ही फिल्मों में देखा करता था।

बेलापुर रहने के लिए ऊबाऊ और ठहरी हुई सी जगह थी। बस एक मेन रोड पूरे कस्बे से होकर गुज़रती थी, जिसके दोनों तरफ मुट्ठी भर स्थानीय कारोबार चलते थे। कुछेक किराना दुकानें, एक कार मिस्त्री, एक छोटा सा सिनेमा घर, एक चर्च और दो मंदिर और एक बाज़ार — कुल मिला कर बेलापुर यही था।

यहां एक रेलवे स्टेशन था, जहां ट्रेनें दिन में एक बार रुकती थीं। स्टेशन के पीछे घरों की कतारें थीं और पटरियों की दूसरी तरफ एक पुराना क़िला था जहां नौजवान लोग अक्सर बीड़ी-सिगरेट पीने जाया करते थे।

बेलापुर में हर चीज़ छोटी थी, एक नदी को छोड़ कर। कस्बे के नौजवानों को गर्मी के महीनों में इसमें तैरना बहुत पसंद था। नदी का रंग मौसमों के हिसाब से बदलता था और त्योहारों और मेलों-ठेलों के साथ यहां के लोगों कि ज़िंदगी में उतार-चढ़ाव में उनका साथ देती थी। यहां तक कि उनकी मौतों के बाद भी यह उनके

साथ रहती थी। कहा जाता था कि मरने के बाद आत्माएं नदी में चली जाती थीं।

तैरने और सिनेमाघर में फिल्में देखने के अलावा, कस्बे के नौजवानों का एक और शौक था। राजेश और उसके दोस्त अक्सर ही सिनेमा के पीछे जाकर अपने मोबाइल फोनों पर गंदी विदेशी फिल्में देखा करते थे। वीडियो की क्वालिटी बहुत खराब होती और जो दिखाया जा रहा होता, उसे वे बहुत समझ नहीं पाते थे, लेकिन जब आप जुनून से भरे हुए जवानी के दिनों में कदम रख रहे हों तो आपको सुकून देने के लिए उतना ही काफी है। जब उनका मन भर जाता तो दोस्तों का झुंड खेतों की ओर निकल भागता और अपने जुनून से सुकून पाता।

राजेश ने तय कर लिया था कि पढ़ाई के बाद वो बेलापुर छोड़ देगा और फौज में भर्ती हो जाएगा। उसके ज़्यादातर स्कूली दोस्त या तो वहां की केमिकल फैक्टरी में भर्ती होने वाले थे या फिर अपने खेतों में खेती करने वाले थे। लेकिन राजेश के लिए अपने देश की रक्षा करना अहम था और उसे भारतीय होने पर गर्व था। उसके कस्बे में ऐसा कुछ नहीं था जिसकी कमी उसे खलती, सिवाय एक लड़की के जिसका नाम कामना था।

कामना उसके मुहल्ले की एक लड़की थी और उसने अपनी

ज़िंदगी में जो कुछ देखा था, उसमें सबसे खूबसूरत थी। उसकी उम्र राजेश जितनी ही थी, लेकिन उसमें कुछ ऐसी परिपक्वता थी जिसकी वजह से वो राजेश को पसंद थी।

उसका नाम उस पर खरा उतरता था, क्योंकि राजेश अक्सर ही उसकी कामना किया करता था। लेकिन वो बस उसकी कामनाओं की वस्तु नहीं थी, वो ऐसी लड़की भी थी, जिससे वो शादी करने और घर बसाने के सपने देखता था। वो अकेली इंसान थी, जो उसमें सचमुच की भावनाओं को जगाती थी।

राजेश जब कॉलेज में या अपने दोस्तों के साथ नहीं होता था, वो कामना को देखा करता था। वो वहीं के एक दर्ज़ी के यहां कपड़े सीने का काम करती थी। राजेश को यह बात बहुत अच्छी लगती थी कि वो अपने काम की इतनी पक्की थी कि वो जिस कपड़े में भी हाथ लगाती, वो परफेक्ट बनता था। वो हमेशा मुस्कुराया करती और अपने काम को पसंद करती थी, मानो इससे उसे किसी कामयाबी को हासिल करने का अहसास होता हो – भले ही वो एक ब्लाउज़ में हुए एक छेद को रफू ही क्यों न कर रही हो।

अपने पड़ोसी की छत पर एक जगह राजेश की पसंदीदा थी, जहां घंटों बैठे हुए वो कामना को अपनी चहारदीवारी वाले आंगन में रोज़मर्रा के काम करते हुए या अपने छोटे भाई-बहनों के साथ

खेलते हुए देखा करता था।

कभी कभी ऐसा लगता कि कामना को पता रहता कि वो उसे देख रहा था और वो ऐसा दिखाती मानो उसे पता न हो। वो उसकी तरफ पीठ किए रहती और खुद में छुप छुप कर मुस्कुराती रहती। राजेश उसके भावों को देख लेता और असमंजस में पड़ जाता। वो नहीं जानता था कि वो उस पर मुस्कुरा रही होती या नहीं, लेकिन बस इसकी संभावना भर से उसे खुशी मिल जाती।

सेक्स के अनुभव से महरूम होने की वजह से राजेश में बार-बार लालसा उठा करती थी। अक्सर ही वो उत्तेजनाओं से भरी हुई कल्पनाएं करता कि कल्पना और वो नदी में तैर रहे हैं और जिसके आखिर में उसे अपने कुवांरेपन से मुक्ति मिल जाती।

उसने उस मंजर को अपने मन में लाखों बार दोहराया था। वे नदी के किनारे खड़े होते। सूरज इतना गर्म होता कि वे बस यही चाहते कि अपने कपड़े उतार फेंकें, जो उनका दम घोंट देने वाले थे।

राजेश पहले अपने कपड़े उतारता ताकि कामना सहज महसूस करे। जब वो अपनी शर्ट उतार लेता, धीरे धीरे वो अपनी पैंट खोलता। अपनी पैंट को निकालते हुए, उनके दिल तेज़ तेज़ धड़कना शुरू कर देते।

उसी पल कामना हरकत में आती। वो राजेश की ओर पीठ किए धीरे धीरे अपने कपड़े उतारने लगती। उसकी पीठ की चिकनी, गहरी स्किन धूप में दमक रही होती। जब वो राजेश की ओर मुड़ती, वो हैरान सा उसकी गुस्ताख, प्यारी छातियों की ओर खिंचा चला जाता जो उसकी सफेद सूती ब्रा के पीछे छिपे होते थे।

अब तक वो बहुत उत्तेजित हो चुका होता और कामना को उसकी उत्तेजना को लेकर कोई शक नहीं था। बिना कुछ कहे, राजेश धीरे धीरे उसकी अंडरवियर उतारने लगता।

उनकी देहें अब एक दूसरे को करीब करीब छूने लगतीं और वो कामना के होंठों के हौले से चूम लेता। वो उसे बुरी तरह चाहता लेकिन उसे डर लगता कि वो कामना को डरा न दे।

राजेश अपने हाथ उसकी कमर पर रखता, फिर घबराहते हुए वो अपने हाथों से उसकी ब्रा खोलने लगता। हौले-हौले और धीरे-धीरे वो उसकी ब्रा हटाता, मानो डर रहा हो कि उसे छू न जाए। जब उसकी भरपूर छातियां आज़ाद होतीं, उसकी देह में उत्तेजना की एक सिहरन दौड़ जाती।

अब उस पर भी वही जोश सवार हो गया है, जो राजेश महसूस कर रहा है। उनकी देहों से पसीने छूट पड़े हैं जिनसे वे धूप में चमकने लगे हैं।

कामना धीरे धीरे अपनी पैंटी हटाती है। उसकी जांघों से धीरे धीरे नीचे फिसलती हुई पैंटी राजेश के दिल की रफ्तार को तेज़ कर रही है, उसकी देह अब थरथराने लगी है।

वहां खड़े खड़े यह इंतज़ार करते हुए कि अब आगे क्या होगा, उसकी अनछुई देह भी उत्तेजना में थरथराने लगी थी। राजेश ने उसका हाथ पकड़ा, और उसे नदी में ले चला। उनकी देहों और ठंडे पानी के बीच में कुछ भी नहीं था और उन्हें इससे ज़्यादा आज़ाद करने वाला अनुभव कभी भी नहीं हुआ था।

कमर तक की गहराई वाले पानी में खड़े कामना की शोख छातियां अब राजेश के सीने को मज़बूती से दबा रही थीं, वे जुड़ कर अब लगभग एक हो चुके थे। राजेश की मर्दानगी कामना की देह के सबसे अंतरंग हिस्सों से खतरनाक ढंग से करीब था और उसमें घुसने के लिए तड़प रहा था। जोश में भरकर एक दूसरे को चूमते हुए उन्होंने अपने हाथों का इस्तेमाल एक दूसरे की देहों की तलाश करने के लिए किया। कामना की गहरी स्किन इतनी चिकनी और मुलायम थी कि राजेश की उंगलियों के पोरों पर वो रेशम की तरह महसूस हो रही थी। कामना की उंगलियां राजेश के सीने के बालों से खेल रही थीं। तब भी जब उसके होंठ राजेश के होंठों से चिपके हुए थे।

कामना की गर्दन को चूमते हुए राजेश ने धीरे धीरे अपने हाथों से उसकी पीठ पर फिराने लगा, जब तक कि वे उसके सुडौल कूल्हों तक न पहुंच गए। उसके कूल्हों को थोड़ी नरमी से लेकिन मजबूती से पकड़ते हुए, उसने कामना को अपनी देह पर उठा लिया।

अपनी कमर पर लिपटी हुई कामना की टांगों के साथ, राजेश ने धीरे धीरे कामना में प्रवेश किया। वो पहली बार प्यार कर रहा था, लेकिन वो जानता था कि कामना के साथ हौले हौले से पेश आना है, क्योंकि एक औरत का पहली बार का प्यार, एक मर्द के पहली बार से अलग होता है।

राजेश जैसे जैसे कामना के और भीतर गया, कामना उत्तेजना में अपने सिर को झटके देने लगी। उसकी आंखें बंद थीं, उसके हाथों ने राजेश के बाल भींच रखे थे और वो परम आनंद में कराह रही थी। उसकी छातियां राजेश के मुंह पर थीं और वो उन्हें चूमने लगा था और इसका खयाल रखा कि कोई भी हिस्सा उसकी जीभ से अछूता न रह जाए। कामना की पूरी देह में बिजली दौड़ रही थी।

एक दूसरे में गुंथे हुए ही, राजेश कामना को नदी के किनारे एक घास वाली जगह पर ले आया। उसे घास पर हल्के से लिटाते हुए

और उसके ऊपर लेटते हुए उसने कामना की देह को एक लय में धक्के देना जारी रखा।

जब उनका जोश परवान चढ़ रहा था, उन्होंने एक दूसरे की आंखों में कुछ पल को देखते रहे। जब उनकी देह की हसरतें पूरी होने की कगार पर थीं, उनकी रफ्तार तेज़ हो आई। उनकी धीमी, नाज़ुक हरकत, जो नदी की हल्की धाराओं से मेल खा रही थीं, अब तूफान के वक्त समुद्र की उफान मारती हुई भारी लहरों में बदल गई थीं। कामना के हाथ राजेश की पीठ को कुरेद रहे थे और अब पसीने में डूब गई उसकी देह से बेकरारी में लिपटे हुए थे। राजेश के हरेक धक्के के साथ कामना की जांघों के बीच की चुभती हुई सनसनी तेज़ होती जा रही थी। यह जानते हुए कि कामना चरम उन्माद को हासिल करने के करीब है, राजेश ने जल्दी जल्दी तीन ज़ोर से उसमें प्रवेश किया।

अपनी ख़ाली और पूरी तरह गीली हो चुकी देह लिए, उन्माद में डूबे हुए वे कुछ मिनटों तक वहीं पड़े रहे। जब उनके दिलों की रफ्तार शांत हो रही थी, हांफते हुए राजेश ने कामना की आंखों में देखा और उसे बताया कि वो उसे प्यार करता है। उसके होंठों को मुस्कुरा कर चूमते हुए कामना ने उसे बताया कि वो भी उसे प्यार करती है।

यही वह खयाल था, जिसे राजेश अपने मन में बार बार देखा करता था। वो खेत में एक बूढ़े बरगद के पेड़ के पीछे छिप जाता, जहां कोई उसे देख नहीं सके। उसकी उत्तेजक कल्पना से धड़कते हुए दिल और खून की बढ़ी हुई रफ्तार के साथ वो अपनी बेचैनी दूर होने तक खुद को छूता रहता।

यह कल्पना अकेली चीज थी, जो उस छोटे से शहर में राजेश को आनंद दे पाती थी।

एक रात राजेश और उसके दोस्त हाल ही में आई एक फिल्म देखने सिनेमाघर गए। रास्ते भर वे जंगली कुत्तों के एक झुंड की तरह वे हंसते, चिल्लाते और नौजवान लड़कों की तरह हुल्लड़ मचाते रहे। जब राजेश टिकट खरीदने के लिए कतार में खड़ा था, उसने लड़कियों के एक झुंड में कामना को देख लिया। मानो उसकी मुराद पूरी हो गई। क्या उसके सपनों की रानी सचमुच महज उससे कुछ कदम दूर खड़ी थी?

राजेश के दोस्तों में से एक ने उस झुंड में कुछ लड़कियों को पहचान लिया था और जाकर बात करने की ठान चुका था। अपने दोस्तों में शामिल होने को बेताब, उसने टिकट वाले लड़के को अपने पैसे दिए उस झुंड की तरफ बढ़ गया।

हर कोई उस नई फिल्म के बारे में उत्साह से बातें कर रहा था,

जिसको देखने के लिए वे कई महीनों से बेकरार थे। बेलापुर जैसी जगह में, जहां कभी कुछ भी नहीं होता था, नौजवान लड़के-लड़कियों में एक नई फिल्म हमेशा ही चर्चा का पसंदीदा विषय होती।

जब राजेश के दोस्त प्यारी-प्यारी लड़कियों के साथ बातें कर रहे थे, वो चुपचाप खड़ा रहा। उनकी ऊंची आवाज़ें, उनकी हंसी और चिल्लाहटें किसी बैकग्राउंड म्यूज़िक की तरह थीं – उसका सार ध्यान कामना पर लगा हुआ था।

वो उसकी परफ्यूम की फूलों जैसी खुशबू को महसूस कर सकता था और हर सांस के साथ उसके दिल की रफ्तार थोड़ी तेज़ हो जाती। उसके पास उस लड़की से बातें करने का मौका था, जिससे एक दिन शादी करने के वो सपने देखा करता था। लेकिन वो डर से जम सा गया था।

जब झुंड सिनेमाघर में घुसने लगा, कामना राजेश के पास आई और अपना परिचय दिया। पूरी तरह झटका खाए हुए राजेश मुड़ा और उसने अपना भी परिचय दिया। उसे यह पक्का करने के लिए खुद को चिकोटी काटनी पड़ी कि कहीं वो खड़े खड़े सपने तो नहीं देखने लगा था।

लेकिन वह पल तो एक हकीकत था। राजेश हमेशा से जानता

था कि कल्पना सुंदर थी, लेकिन उसके सामने खड़े होकर वो उसे में बारीकी से देख सकता था, जिस पर उसने कभी गौर नहीं किया था। उसकी आंखें गजब का हरापन लिए हुए थीं, जो कस्बे में बहुत गैरमामूली बात थी। उसकी लंबी, मोटी पलकों पर बखूबी काला काजल लगा हुआ था और दोनों तक छोटे छोटे क्रिस्टल चमक रहे थे। वो बातें करती तो उसके लंबे, काले बाल दोनों तरफ झूलते मानो उसकी कल्पनाओं की नदी की धारा हो। उसकी स्किन इतनी चिकनी और भूरी थी मानो वो शहद की कैंडी हो जिसका स्वाद लेने के लिए उसका मुंह तरस रहा था।

उसके दोस्त सिनेमाघर में अपनी सीटों पर बैठ चुके थे। साहस बटोरते हुए राजेश ने कामना से पूछा कि क्या वो उसके साथ बैठ कर फिल्म देखना चाहेगी। उसने खुशी खुशी हां कर दिया। यह किसी फिल्म के रोमांटिक सीन की तरह था, जिसे वो इतनी बेकरारी से अनुभव करना चाहता था।

फिल्म के शुरू होने का इंतज़ार करते हुए वे चुपचाप बातें करते रहे। वे बस अभी अभी मिले थे, लेकिन ऐसा लग रहा था मानो वे एक दूसरे को बरसों से जानते हों।

जब रोशनी धीमी हुई, वे अपनी सीटों पर टेक लगा कर बैठ गए। फिल्म शुरू हो गई और हर किसी की नज़रें पर्दे से चिपकी

हुई थीं, सिवाय राजेश के। उसका सिर पर्दे की तरफ था लेकिन उसका दिमाग उसकी दाहिनी तरफ बैठी हसीना में लगा हुआ था।

फिल्म शुरू हुए बीस मिनट गुज़रे होंगे कि राजेश ने उनके बीच के सीट के हत्थे पर कामना के हाथ पर ध्यान गया, जो उसके हाथों से महज कुछ इंच दूर था। उसने भी अपना हाथ उठा कर हत्थे पर रख दिया और धीरे धीरे कामना के हाथों के करीब ले गया। उसके हाथों पर अपने हाथ रखने की कोशिश करते हुए उसके माथे पर पसीने की बूंदें छलक आई थीं।

वो पल आ चुका था – उसके हाथ कामना के हाथों पर थे। उसने बेचैनी से उसके जवाब का इंतज़ार किया। क्या वो अपना हाथ हटा लेगी? क्या वो उस पर नाराज़ हो जाएगी और उससे कहेगी कि उसे यह पसंद नहीं आया? वहां, उसकी प्रतिक्रिया का इंतज़ार करते हुए, उस पल में राजेश के मन में सौ तरह की बातें उमड़-घुमड़ आईं।

कामना ने अपने हाथों पर उसके हाथों को देखा, फिर राजेश को देखा और मुस्कुराई। उस पल राजेश जो महसूस कर रहा था, उसके बयान नहीं किया जा सकता मानो एक सपना आखिरकार उसके लिए सच हो गया था।

दोनों पूरी फिल्म के दौरान एक दूसरे के हाथों में हाथ लिए रहे।

जब रोशनी जली तो उसके दोस्तों ने उनके इस तरह हाथों के पकड़े रहने को देखा और सीटियां बजाने लगे और चूमने की आवाजें निकालने लगे। राजेश ने हंस कर उन्हें टाल दिया और झुंड सिनेमाघर से विदा हुआ।

कामना ने राजेश से पूछा कि क्या वो उसके घर तक उसके साथ चलेगा। जब वे सड़क पर आगे बढ़े, कामना राजेश को बताने लगी कि वो कहां रहती थी, लेकिन वो बता पाती इसके पहले ही राजेश ने उसे यह कह कर रोक दिया कि उसे पहले से ही यह पता था। फौरन ही उसे महसूस हुआ कि उसने क्या कह दिया था और फिर वो चिंता करने लगा कि कहीं वो उनके बीच कुछ शुरू होने के मौके को ही बर्बाद न कर दे। लेकिन कामना बस खिलखिला पड़ी और उसकी ओर आंख मारी। राजेश ने एक तर्कसंगत बहाना देने की कोशिश की, लेकिन वह बस हकला कर रह गया।

कामना राजेश की तरफ झुकी और उसके कानों में फुसफुसाई कि उसे पता था कि वो उसे दूर से देखा करता था। राजेश फौरन शर्म से लाल हो गया और अपनी आंखों में चमक और चेहरे पर बड़ी सी मुस्कान लिए हुए उसने कहा कि उसे उम्मीद थी कि उसे कभी इस बात से परेशानी नहीं हुई होगी। उसने कहा कि उसे

अपने करीब पाकर उसके दिल को बड़ी गर्माहट मिलती थी कि वो कभी अकेली नहीं थी।

वे सड़क पर बढ़ते रहे। वे उसके घर की बगल में एक ओट में बैठ गए जहां वे अकेले हो सकते थे। एक साथ वे वहां घंटे भर बैठे और भविष्य के अपने सपनों के बारे में बातें करते रहे। कामना भी उस मामूली से कस्बे को छोड़ना चाहती थी और एक बड़े शहर में रोमांचक ज़िंदगी की तलाश करना चाहती थी।

फिर इसी दौरान किसी वक्त में जोश में भर कर दोनों ने एक दूसरे को चूमना शुरू किया। कामना राजेश के कानों में फुसफुसाई कि भले ही वे बस अभी अभी मिले थे, लेकिन वो चाहती थी कि राजेश उसका पहला प्रेमी बने। वो कभी भी किसी ऐसे से नहीं मिली थी, जो राजेश जितना खास हो और उसके लिए अपने कुवांरेपन से मुक्ति पाना एक ऐसी खास याद होगी, जिसे वो ज़िंदगी भर सहेज कर रखेगी।

राजेश को अपने कानों पर यकीन नहीं हुआ। वो इतने समय से इसी पल की कल्पना किया करता था। लेकिन उसने जो कहा, उस पर दोनों को हैरानी हुई। राजेश ने उसके होंठों पर हल्के से चूमा और कहा कि वो उसका 'पहला प्यार' बनना बेहद पसंद करेगा। फिर उसने उसे कहा कि वह किसी और दिन होगा, अभी

नहीं। कामना ने उलझन में राजेश को देखा।

उसने कामना को भरोसा दिलाया कि उसके मन में भी कामना जैसे ही खयाल हैं, लेकिन वो चाहता था कि यह तब हो जब वो एक भरापूरा मर्द बन चुका हो। राजेश के लिए इसका मतलब ये था कि वो कामना को एक बड़े शहर में ले जाने का खर्च उठाने के काबिल बन सके, जैसा उसने हमेशा कल्पना की थी। इससे राजेश के लिए कामना के मन में जो कशिश थी, वो और भी बढ़ गई।

दोनों अगले साल राजेश के स्कूल की पढ़ाई पूरी करने तक के लिए एक जोड़ीदार बन गए। वे साथ में जो भी वक्त बिता पाते, उसके हरेक पल का मज़ा उठाते, वे एक दूसरे की देह के अनजान पहलुओं की तलाश करते, चूमते, सहलाते और बातें करते। लेकिन उन्होंने कभी एक दूसरे को प्यार नहीं किया।

अगले तीन साल उस जोड़ी के लिए बेहद मुश्किल रहे, जब राजेश दूर था। महीने बीतते जा रहे थे और ज़्यादातर, चिट्ठियों की मदद से अपने प्यार को ज़िंदा रखते हुए कामना उदास और तन्हा रहने लगी थी। वो राजेश के लौटने के लिए तरसती, उसकी छुअन के लिए तड़पती लेकिन इस आशंका से चिंतित भी होती कि शायद यह कभी पूरी न हो। क्या राजेश घर लौटेगा, क्या वो एक दूसरे से

किए गए वादों को याद करेगा? क्या उस बड़े शहर में कोई दूसरी औरत थी, जहां पक्के तौर पर इतनी सारी औरतें थीं जो उससे कहीं ज़्यादा खूबसूरत थीं?

एक दिन बड़े सवेरे ही जब वो सहन में काम कर रही थी, उसे घर के भीतर से एक ऊंची पुकार सुनाई दी। उसे डर लगा कि कहीं उसके घर में किसी को कुछ हो न गया हो, धड़कते दिल के साथ वो घर की ओर भागी। राजेश लौट आया था।

कामना को सदमा सा लगा – वो घुटनों के बल गिर पड़ी और आंसू उसके गालों से होकर बहने लगे। राजेश उस तक गया और अपनी हसीना से नज़रें मिलाने के लिए घुटनों के बल बैठ गया। अपनी आंखों में आंसू लिए उसने उसकी आंखों में देखा और बोला कि वो घर लौट आया है और उस औरत के साथ बड़े शहर में ज़िंदगी बसाने के लिए तैयार है, जिसके साथ वो अपनी पूरी ज़िंदगी बिताना चाहता है। घर में खुशी के आंसुओं की बाढ़ आ गई – लेकिन राजेश और कामना ने न कुछ सुना न किसी की परवाह की। वे एक दूसरे से लिपट गए थे, हमेशा के लिए।

पड़ोसी

मेरी दो ज़िंदगियां थीं। बीस पार करने के कुछ सालों के भीतर ही, कॉलेज की पढ़ाई पूरी करके मैंने अपने शहर पुणे के एक नौजवान और कामयाब बिज़नेसमैन से शादी कर ली थी। लगता था कि मेरी परफेक्ट ज़िंदगी थी, एक खूबसूरत पति था, एक हसीन घर था और वह सब कुछ था, जिसके सपने बड़ी होती हुई लड़कियां देखा करती हैं।

मुझे नहीं पता था कि मुझे इन सबके साथ ऐसा पति मिला था, जो आदतन धोखेबाज़ था। मैंने उसे अनेक मौकों पर पकड़ा और वो हमेशा ही मेरी बांहों में बस रोते हुए घर लौटता। पहली बार के बाद यह मेरी गलती थी। क्योंकि हर बार मैं उसे माफ कर देती, और वो इसको अपनी करतूत जारी रखने की इजाज़त के रूप में देखता – उसे लगता था कि बस उसके माफी मांग लेने भर से उसके गुनाह खत्म हो जाते थे।

लेकिन पांच बरसों के बाद भी यही हालत रही और मेरे लिए अब हद हो गई थी। मैंने अलग होने की मांग की और उसे इसमें बड़ी खुशी ही हुई। चूंकि वो बहुत शातिर बिज़नेसमैन था, इसलिए उससे अलग होते हुए मुझे बहुत कम हासिल हुआ। लेकिन उससे अलग होने के साथ मेरे दिमाग को जो सुकून हासिल हुआ था, वही मेरे लिए सबकुछ था।

मेरी नई ज़िंदगी शांत और ऊबाऊ भी थी। मुझे मुंबई में एक बड़े ऑफिस में काम मिल गया। मैं एक प्यारे से उपनगर में एक नए नए बने अपार्टमेंट में चली आई। यह पहला मौका था, कि मैं अकेले रहने जा रही थी, लेकिन इसमें भी मज़ा था। अकेले रहना मेरे लिए इतनी अनोखी बात थी कि मैं सचमुच ज़्यादा बाहर नहीं निकलती थी।

वक्त गुज़रने के साथ ही मैं अकेलेपन की इस ज़िंदगी की ज़्यादा से ज़्यादा आदी होती गई। मैंने इसकी परवाह करनी बंद कर दी कि जब मैं काम पर नहीं हूं तो कैसी दिखती हूं। मैं बाहर जाने की कोशिश भी नहीं करती थी। न ही मेरे काफी सारे दोस्त थे: मैंने पति से अलग होने के साथ ही उनमें से ज़्यादातर को छोड़ दिया था।

अपना मन बहलाने के लिए मैं बस अपने पड़ोसियों की जासूसी किया करती थी। अपार्टमेंट ज़्यादातर ऐसे बने थे कि लिविंग रूम और बेडरूम बीच के एक आंगन की ओर थे। इसलिए मेरे लिविंग रूम और बेडरूम को दूसरे फ्लैटों के लिविंग रूमों और बेडरूमों से सीधे देखा जा सकता था।

लोगों को देखने के लिए वीकेंड्स हमेशा ही सबसे अच्छा वक्त होता। मैं अपने अपार्टमेंट की सारी बत्तियां बुझा देती, एक

गिलास में वाइन निकालती और फिर खिड़की के पास झीने पर्दे के पीछे एक कुर्सी लगा कर अपने डैड की पुरानी दूरबीन के साथ बैठ जाती। जब सारी बत्तियां बुझी रहतीं तो कोई भी मुझे नहीं देख सकता था। मैं खिड़की को हल्के से खोल देती, ताकि मैं अपने फ्लैट में आने वाली पड़ोसियों की आवाज़ें सुन सकूं। इससे मुझे दूसरे लोगों के घरों का अच्छा नज़ारा भी मिल जाता था।

मैं हर हफ्ते अपनी नज़रों के सामने वही पुरानी चीज़ें होते हुए देखती। एक बुज़ुर्ग दंपती था, जो हमेशा इस पर झगड़ता रहता कि कौन सा टीवी शो देखा जाए। एक टीनएज लड़की थी, जिसके पैरेंट सोचते थे कि वो एक परफेक्ट बेटी है, और वो हर वीकेंड में चुपचाप निकल जाती और घंटों बाद नशे में धुत, मुड़े-तुड़े कपड़ों के साथ घर लौटती। एक उदास, तन्हा औरत थी, जो घंटों अपने सोफे पर पड़ी सुबकती रहती। मुझे इसकी वजह कभी पता नहीं लग पाई।

उन सबको देखना मज़ेदार था, लेकिन एक आदमी ऐसा था, जिसको देखने की धुन मुझ पर सवार थी। वो अकेला रहता और किसी बॉलीवुड स्टार की तरह दिखता था। उसकी बॉडी परफेक्ट थी और वो हमेशा ही अपने अपार्टमेंट में अंडरवियर में घूमा करता था। हरेक वीकेंड में वो देर रात में घर लौटता और हर बार

उसके साथ अलग अलग लड़कियां होतीं। लेकिन वे सभी बीस के आसपास की, भरपूर छातियों और कसे हुए कूल्हों वाली होतीं।

आम तौर पर वे पीते और फिर वहशी तरीके से सेक्स में जुट जाते। मुझे यह बात बड़ी दिलचस्प लगती कि इस दौरान वे हमेशा ही बत्तियां जली रखते थे। मेरा अंदाज़ा है कि अगर आप उसके और उसके साथ सोने वाली लड़कियों जितने आकर्षक हों तो फिर आप अपने बदन को लेकर सजग नहीं रह पाते। कभी कभी वो सेक्स करते हुए खुद को खिड़की के सामने कर लेता, मानो उसे पता था कि कोई उसे देख रहा है। कई मौकों पर वो मुड़ कर खिड़की से देखता और मैं कल्पना करके मज़े लेती कि उसे पता था कि मैं उस देख रही हूं और वो मुझे सुख का अहसास करा रहा होता।

सेक्स हमेशा ही सख्ती से और फुर्ती से किया जाता। ऐसा था मानो उसे जो चाहिए था वो उसे हासिल कर लेता और फिर उन्हें उनके रास्ते छोड़ देता। सेक्स मुझे कभी भी उकसाने में नाकाम नहीं रहा। आम तौर पर मुझे उनके कारनामे देखने के फौरन बाद अपनी रगों में धड़कती सेक्स की गर्माहट से राहत पाने के लिए गर्म पानी का शावर लेना पड़ता। तब सेक्स लाइफ से मेरा रिश्ता बस इस आदमी को देखने भर का था। तलाक के बाद मेरा इस

लाइफ से कोई सीधा रिश्ता नहीं रह गया था।

एक शुक्रवार की शाम मैं आदत के मुताबिक काम के बाद थोड़ी देर से घर लौटी। यह एक लंबा हफ्ता रहा था और मैं अपने वीकेंड के लिए खास तौर से बेकरार थी। तरोताज़ा होने के लिए मैंने शावर लिया, कुछ डिनर तैयार किया, वाइन की एक गिलास तैयार की, कुछ बिल पे किए और अपार्टमेंट में रोज़मर्रा के कुछ काम पूरे किए।

शाम गुज़री और मैं शुक्रवार की रातों को पड़ोसियों को देखने की अपनी हमेशा की रुटीन के लिए बैठ गई। हर कोई अपनी हमेशा की रातों की रस्में निभा रहा था, लेकिन मेरा सेक्सी पड़ोसी घर पर नहीं था। आम तौर पर वो अब तक किसी न किसी को घर ला चुका होता था। शायद वो अब भी शिकार पर था या शायद इस बार वो लड़की के ही यहां चला गया था।

बड़े सब्र के साथ मैंने उसके दिखाई देने का इंतज़ार किया। फिर आधी रात होने को आई तो मैंने बेड पर जाने का फैसला किया। उस रात मेरे लिए सेक्स का कोई लाइव शो नहीं होने वाला था – हालांकि उस वक्त मुझे ठीक उसी की ज़रूरत थी।

जब मैं बेडरूम जा रही थी, मैंने दरवाज़े की घंटी को बजते सुना। घंटी ने मुझे हैरान कर दिया: मेरे फ्लैट पर इतनी देर से कोई

भी नहीं आता था। बाहर झांकने के छेद से मैंने देखा और अपनी आंखों पर भरोसा नहीं कर सकी। यह मेरा वही पड़ोसी था।

अपने धड़कते दिल को शांत करने की कोशिश करते हुए मैंने पूछा कि कौन है। उसने जवाब दिया कि वो अपार्टमेंट नंबर 17 से विवेक है। उसने कहा कि परेशान करने के लिए माफी चाहता है, लेकिन उसकी चाबियां और सेलफोन खो गया है और ब्लॉक में मेरा अपार्टमेंट अकेला अपार्टमेंट था, जिसकी बत्तियां जल रही थीं। क्या वो भीतर आ सकता है और मेरा फोन इस्तेमाल कर सकता है?

मैंने उसे थोड़ा रुकने कहा और अपनी रगों को शांत करने की कोशिश की। मैं अपने कमरे में गई, थोड़ा लिपस्टिक लगाया और अपने बालों को थोड़ा सेक्सी लुक देने की कोशिश की। बेचैनी में जब मैंने आईना देखा, मैंने आह भरते हुए महसूस किया कि इससे असल में कोई फर्क नहीं पड़नेवाला था। आखिर उस जैसे इंसान के लिए मैं क्यों सज-संवर रही थी? मुझे मालूम था कि वो किस तरह की लड़कियों से घिरा रहता था और मैं उससे ठीक उलट थी।

मैंने गहरी सांस भरी, दरवाज़ा खोला और घबराहट में उससे हलो कहा। फिर उसे लिविंग रूम तक ले आई, जहां फोन रखा

था। वो बैठ गया और बड़े आराम से बातें करने लगा। उसने बताया कि उस रात उसकी चाबियां, वॉलेट और फोन खो गया था और उसे बार से, जहां वो था, घर पैदल चल कर आना पड़ा था। उसने मुस्कुराते हुए मुझे बताया कि वो मुझे पहले भी सरसरी तौर पर देख चुका था। मुझमें कुछ ऐसा था, जो उसे सुकून का अहसास देता था और उसे पक्के तौर पर यह महसूस हो रहा था कि वो आज की रात मेरे यहां आ सकता था।

मैंने लजाने का दिखावा किया, ताकि मैं बेकरार न दिखूं और कहा कि मैं उसे ठीक ठीक याद नहीं कर पा रही हूं, लेकिन मुझे भी उससे मिल कर खुशी हुई थी। बेशक, मुझे हॉल में एक दूसरे के सामने से गुज़रना पूरी तरह याद था। मैं यह भी याद कर पा रही थी कि जब भी मैंने उसे देखा था, उसने क्या पहन रखा था। लेकिन मैं उसे यह बताने नहीं जा रही थी।

विवेक ने अपार्टमेंट के मैनेजर को फोन लगाया, लेकिन किसी ने फोन नहीं उठाया। उसने मुझे शुक्रिया कहा और कहा कि वो सहन की बेंच पर जाकर इंतज़ार करेगा। हो सकता है कि सेक्योरिटी गार्ड उसकी कोई मदद कर दे। मैंने उसे कहा कि यह तो अजीब बात है और वो जितनी देर चाहे यहां पर इंतज़ार कर सकता है।

लगा कि इससे विवेक को राहत मिली। वो उठा और खिड़की

के पास कुर्सी पर बैठ गया। अचानक मेरा दिल धड़का। मैंने दूरबीन हटाई नहीं थी और वो अभी भी खिड़की पर रखा हुआ था।

बैठते ही विवेक का ध्यान दूरबीन पर गया। उसने मुझे देखा और नटखट तरीके से मुस्कुराया। उसने बताया कि वो मेरे घर में इतनी देर तक जल रही बत्तियों से हैरान था। आम तौर पर जब वो मेरे अपार्टमेंट की ओर देखता तो यह उसे हमेशा ही अंधेरे में डूबा मिलता जिसकी खिड़की थोड़ी सी खुली रहती।

तो क्या उसे मेरा राज़ पता लग गया था? मैंने उससे झूठ बोला और कहा कि मैं आम तौर पर डिनर के बाद फ्लैट के पीछे की तरफ स्टडी में चली जाती हूं ताकि सोने से पहले अपना काम पूरा कर सकूं।

विवेक ने मुझे देखा और मुस्कुरा दिया। मैं नहीं कह सकती कि उसने मेरी कहानी पर भरोसा कर लिया था। उसने दूरबीन उठाई और खिड़की के बाहर देखा। उसने दिखावे की हैरानी के साथ कहा कि उसे यकीन नहीं आया कि नज़ारा कितना साफ था। उसने अजीब सी हंसी के साथ कहा कि मैं बाजी लगा सकता हूं कि अगर तुम देखो तो तुम्हें मेरे बेडरूम का बड़ा अच्छा नज़ारा मिलेगा।

मैं खिलखिलाई और दिखावा किया कि मुझे यह नहीं पता था

कि वो सहन में ठीक सामने रहता है।

उसने पूछा कि जब तक वो इंतज़ार कर रहा है, क्या उसे एक गिलास वाइन मिलने में कोई परेशानी होगी। मैंने दो गिलास उठाए और वाइन डालने लगी। मैं इससे खुश थी कि मैं उसकी कुरेदती हुई नज़रों से बच गई थी। तभी मैंने महसूस किया कि विवेक ठीक मेरे पीछे था। मेरी गर्दन के पीछे उसकी गर्म सांसों से मेरी रीढ़ में सनसनी हो रही थी। उसने मेरी कमर पर अपनी बांहें लपेटीं और मेरे कानों में फुसफुसाया। उसने कहा कि उसे पता था कि मैं उसे देखा करती थी और उसे ये पसंद भी था। यह कोई इत्तेफाक नहीं था कि वो हमेशा बत्तियां जला कर और पर्दे हटा कर सेक्स करता था। वो चाहता था कि मैं उसे देखूं और उसे पता था कि उसे देखना मुझे उत्तेजित कर देता था। मैं उत्तेजित हो गई हूं, यह जानकर वो भी उत्तेजित हो जाता था।

वो मेरे गिर्द घूम गया ताकि हम एक दूसरे को सामने से देख सकें। मैं उसकी तनी हुई मर्दानगी को महसूस कर सकती थी, जो मेरे बदन को कोंच रही थी। उसने मुझसे पूछा कि क्या मैंने कभी इसका ख्वाब देखा था कि मैं उन लड़कियों में से एक हो पाती, जिनके साथ वो आया करता था।

उत्तेजना में भरकर, मैं उसके चेहरे पर देख भी नहीं सकी।

उसकी गंध, उसकी शर्ट को धकेल रही उसके मसल्स मेरे लिए इतनी जानी-पहचानी थी। मेरे बदन का हरेक हिस्सा उसकी लालसा में था, लेकिन उसको यह बताने में मुझे डर लग रहा था। किसी मर्द के साथ रहे मुझे अरसा हो गया था।

वो मेरी तरफ झुका और मैंने अपनी आंखें बंद कर लीं। मेरे होंठों को छूते उसके होंठों की नर्मी को महसूस करने की कोशिश करने लगी। लेकिन उसने फुसफुसा कर कहा कि शायद उसका चले जाना बेहतर रहेगा। मिनट भर के लिए वहां खड़े उसने मेरे जवाब का इंतज़ार किया, लेकिन मैं बोल नहीं सकी।

विवेक दरवाज़े तक गया लेकिन वो बाहर निकल पाता इसके पहले ही मैं अपनी आवाज़ वापस पा ली थी और उससे रुक जाने को कहा। वो एक भेदभरी मुस्कान का साथ पलटा, मानो उसको पता था कि मैं उससे रुक जाने को कहूंगी, कि मैं उसे जाने देने की हालत में नहीं थी। वो धीरे धीरे मेरे पास आया। मेरा दिल इतनी तेज़ धड़क रहा था कि मैं मुश्किल से ही उसकी आवाज़ सुन सकती थी। मुझे यकीन था कि मेरी टांगें जवाब दे जाएंगी। मैं लालसा में भीग गई थी। उसने पूछा कि मैं क्यों चाहती थी कि वो रुक जाए। एक गहरी, भरोसे में डूबी आवाज़ में उसने मुझसे कहा कि मुझे बस ये बताना था कि मैं क्या चाहती थी, मुझे किस बात

की ज़रूरत थी।

मैं इतनी घबराई हुई थी कि मेरी आंखें भर आईं। अपना सारा साहस जुटाते हुए मैंने उसकी आंखों में देखा और उससे कहा कि वो मुझे ले ले। मैंने कहा कि मैं चाहती थी कि वो मुझे उसी तरह ले, जिस तरह वो दूसरी औरतों को लेता था। मुझे इसका अहसास कराए कि दुनिया में ऐसी कोई ऐसी चीज़ नहीं है, जिसकी उसे चाहत हो।

उसने मेरी ओर कुछ कदम बढ़ाए और नर्मी से मेरे चेहरे के दोनों तरफ अपने हाथों से थपकी दी। बिना कुछ कहे, वो अपने हाथों को मेरे ब्लाउज़ पर ऊपर की ओर ले गया और महज एक झटके से उसे फाड़ दिया। बटन फर्श पर खटखटा कर गिरे और मेरी छातियां मेरे टॉप में से बाहर निकल आईं। विवेक ने कपड़े को फर्श पर फेंका और अपनी उंगलियां मेरे सीने पर फिराते हुए मेरी छातियों और मेरी गर्दन को सहलाने लगा। मेरी सांसें ठहरी हुई थीं। मेरा दिमाग ठहर गया था। मैं उसे इतना चाहती थी।

मैंने महसूस किया कि उसके हाथ मेरी पीठ पर चले गए हैं और उसने एक हल्की सी हरकत के साथ मेरी ब्रा खोल दी। जब वो उसे हटा रहा था, मेरे बदन पर आज़ादी का एक ऐसा अहसास छा गया, जैसा मैंने पहले कभी महसूस नहीं किया था। अपने मज़बूत

हाथों के प्याले में उसने मेरी छातियों को भरा और मेरी आंखों में गहराई तक देखने लगा। उसकी छेदती हुई निगाह मेरी गहरी लालसाओं में धंसती चली गई, जो मेरी रूह में अरसे से दफ्न थीं।

इसमें कोई शक नहीं था कि मेरा बदन उस पल पूरी तरह उसका था।

वो झुका और उसने मेरी छातियों पर अपने होंठ रख दिए और अपनो होंठों और जीभ से उसने उनका चप्पा-चप्पा छान मारा। वो मेरे नाज़ुक अंगों को चाट रहा था और मेरी देह थरथरा रही थी। मेरे पूरे वजूद में बिजली की धाराएं दौड़ती मालूम पड़ रही थीं।

विवेक ने मेरा हाथ थामा और मुझे डाइनिंग टेबल तक ले गया। अपनी मज़बूत बांहों से एक झटके में उसने उसके ऊपर रखी हर चीज़ गिरा दी। गिरते हुए बर्तनों की आवाज़ अपार्टमेंट में गूंज उठी। लेकिन हममें से किसी को भी इसकी परवाह न थी। उसने मुझे ऊपर उठाया और टेबल पर लिटा दिया। एक झटके से, उसने मेरी स्कर्ट खींच कर हटा दी।

मेरी टांगों को उठाकर, नज़ाकत के साथ उन्हें चूमते हुए, धीरे धीरे वो ऊपर की तरफ मेरे नाज़ुक अंगों की तरफ बढ़ने लगा। उसने मेरी पैंटी की बगल में उंगलियां लगाईं और जब वो उसे फाड़ कर हटा रहा था, मैं अपनी स्किन पर खिंचती हुई लेस को

महसूस कर सकती थी।

मैं वहां, पूरी तरह नंगी पड़ी हुई उसके अगले कदम का इंतज़ार कर रही थी। जब मैं अपनी जांघों के बीच उसकी गर्म सांसों को महसूस करने लगी, मेरी आंखें अपने आप बंद हो गई थीं। जो कुछ होने वाला था, उसके इंतज़ार में मेरी रगों में खून कुलांचें मार रहा था, मेरा बदन तना हुआ। मेरे मुंह से एक बेबस कराह निकल गई, जब मैंने अपने सबसे नाज़ुक हिस्से पर उसके नर्म होंठों को महसूस किया। उसने मेरी उन भावनाओं को खोज निकाला था, जिन्हें मैं दफना चुकी थी; उसके हाथ और मुंह उन वहशी तकाज़ों को पूरा कर सकते थे, जिन्हें मेरा बदन बेकरारी से पुकार रहा था।

विवेक अपनी पैंट हटाने के लिए खड़ा हुआ। टेबल के किनारे खड़े हुए उसने अपनी देह पर मुझे खींचा। मेरी छाती पर अपना एक हाथ और कमर पर दूसरा हाथ रखे हुए, उसने मुझमें प्रवेश किया। उसकी भरी-पूरी मर्दानगी ने मुझमें आनंद की बेहिसाब सनसनी भर दी।

उसने अपने हाथ मेरी गर्दन पर रखे और मुझे ऊपर की ओर खींचा ताकि वो मेरे होंठों को चूम सके। इसी के साथ, उसने एक सधी हुई लय में मेरे भीतर धक्के देने शुरू किए। हरेक मजबूत धक्के के साथ मेरा बदन परम आनंद के और करीब पहुंच रहा था।

तब विवेक ने मुझे टेबल से उठा लिया और खड़ा हो गया। मेरी टांगें उसके चारों तरफ लिपटी हुई थीं और मेरे हाथों ने उसकी पसीने में भीगी गर्दन पकड़ रखी थी। वो मेरा बोझ उठा सकने लायक मज़बूत था। मैं ज़ोर ज़ोर से कराहने लगी थी, मेरा सिर पीछे की ओर था, तब भी जब मेरी जांघें उस पर लिपटी हुई थीं।

अपने आखिरी धक्कों के साथ मैंने उसकी देह को तनते हुए महसूस किया। मैंने महसूस किया कि हमारे दिल की धड़कने एक लय पर चल रही हैं। उसकी गर्म, भारी सांसें मेरी दूधिया स्किन पर धूप जैसी गर्म महसूस हो रही थीं। चरम पर पहुंचते हुए हमारे होंठों ने एक दूसरे को, एक और आखिरी बार के लिए चूमा।

इसके बाद थका हुआ विवेक सोफे पर पड़ गया और सन्न हो चुकी मैं शावर लेने के लिए बढ़ चली। मैंने अभी अभी जिसका अहसास किया था, उस पर मैं यकीन नहीं कर सकती थी। जीवन में सिर्फ एक ही बार सपने सचमुच पूरे होते हैं। बाथरूम के आईने के सामने नंगी खड़े हुए जब मैंने खुद को देखा और अपनी देह पर हाथ फेरा, मैंने खुद को इतनी सेक्सी महसूस किया, जितना कभी नहीं किया था। मैं इतने अरसे से अकेली रही थी और खुद को इतनी बदसूरत महसूस करती रही थी। इस खूबसूरत इंसान ने वह सब बदल कर रख दिया था।

मैं यह देखने के लिए लिविंग रूम में लौट कर आई कि कहीं विवेक को और वाइन की ज़रूरत न हो, लेकिन वो वहां नहीं था। वो मेरी ज़िंदगी में जितनी जल्दी आया था, उससे कहीं जल्दी जा चुका था।

मैं खिड़की के पास कुर्सी पर बैठ गई। अपनी दूरबीन उठाए मैंने सहन के उस पार उसके अपार्टमेंट पर टिकाया। विवेक शर्ट उतारे अपनी खिड़की पर खड़ा बियर पी रहा था। वो मुस्कुराया और हाथ हिलाया। मैंने भी जवाब में मुस्कुरा दिया और दूरबीन नीचे रख दी।

वो

जिस रात राज ने मुझे प्रोपोज़ किया, वो मेरी पूरी ज़िंदगी की सबसे यादगार रात थी।

हम तीन साल से ज़्यादा वक्त से डेट करते रहे थे। राज के पास बैंगलोर के एक खुशनुमा इलाके में खूबसूरत घर था, जो उसके ऑफिस के नज़दीक ही था। उससे मेरी मुलाकात यूनाइटेड स्टेटस की एक यूनिवर्सिटी में हुई थी। वह हमारा फाइनल ईयर था और उस मुलाकात से एक तूफानी रोमांस की शुरुआत हुई। हम अलग अलग संस्कृतियों से थे, लेकिन मैं फौरन जान गई थी कि वो मेरे लिए था। इसलिए जब हम दोनों ही ग्रेजुएट हुए, मैं भारत आ गई और मैं बैंगलोर के बाहर एक अंतरराष्ट्रीय एनजीओ में नौकरी करने लगी, ताकि मैं राज के साथ वक्त बिता सकूं।

हम दोनों की ही नौकरियां चुनौतियों से भरी थी और अपने काम से थोड़ी फुरसत लेकर अच्छे से वक्त बिता पाना अक्सर ही दुश्वार होता था। लेकिन हम हमेशा ही कोशिशें करते, खास तौर से थोड़े थोड़े समय में रूमानियत से भरे डेट्स पर जाने की कोशिश करते। हमारी कोशिशों का नतीजा आम तौर पर जादुई और मज़ेदार लम्हों के रूप में सामने आता। और वो रात और भी खास साबित हुई।

उस दिन, राज ने मुझे फोन किया था और मुझे बताया कि उसने

हमारे पसंदीदा रेस्तरांओं में से एक में डिनर रिज़र्व किया है। उसने मुझसे कहा कि मैं हमारे बेड के नीचे देखूं, जहां उसने मेरे लिए एक सरप्राइज़ रख छोड़ा था। राज हमेशा ही मुझे खास और प्यारी महसूस कराने के लिए छोटी-छोटी चीज़ें किया करता था।

मैंने नीचे देखा और हाथ बढ़ा कर एक बड़ा, चमकदार काला डिब्बा निकाला जो एक खूबसूरत सुनहरी रिबन से बंधा हुआ था। डिब्बा खोलते हुए मेरा दिल तेज़ तेज़ धड़कने लगा, मैं यह देखने के लिए उत्तेजित और बेकरार थी कि उसने मेरे लिए क्या सरप्राइज़ रखा हुआ था।

उसके भीतर मैंने जो पहली चीज़ देखी, वो एक छोटा सा लिफाफा था, जिस पर 'टू माई लव कियारा...' लिखा था। नोट में लिखा था, 'एक हसीना के लिए हसीन ड्रेस ज़रूरी है - लव राज।'

जब मैंने उस पोशाक को निकाला तो मेरी आंखें फटी की फटी रह गईं। मैंने अपनी ज़िंदगी में इससे बेहतरीन पोशाक नहीं देखी थी। ये तो किसी फिल्म स्टार के लायक थी। बदन पर फबने वाली, लंबी, सफेद पोशाक जिसमें दोनों ओर सेक्सी कट आउट थे। यह एक निजी डिनर पर जाने वाली पोशाक नहीं थी। यह एक ऐसी ड्रेस थी, जिसे पहनने के बाद सबसे खूबसूरत रेस्तरां में सारी नज़रें

मुझ पर ही टिक जाने वाली थीं।

डिनर के लिए अभी कुछ घंटे बाकी थे, इसलिए मैंने अपने बालों और मेकअप के लिए एक सैलून में जाने का फैसला किया। मुझे एक खूबसूरत पोशाक मिली थी; मुझे इसको यकीनी बनाना था कि मैं उसमें गज़ब की दिखूं।

सैलून में एक खातिर से भरे एक सेशन के बाद मैं डिनर पर जाने के लिए ड्रेस पहनने घर भागी। राज किसी भी वक्त घर पहुंच सकता था और मैं पल पल उत्तेजित होती जा रही थी। जब मैं ड्रेस पहन चुकी, मैंने आईने में खुद की झलक देखी। मैं उस औरत को पहचान ही नहीं सकी। मैं बेहद खूबसूरत दिख रही थी।

बाहरी दरवाज़ा खुला और मैंने राज को एक मजाकिया लहजे में अपना नाम पुकारते सुना, 'कियारा, मैं आ गया।' हर बार काम से घर लौटते वक्त वो ऐसे ही कहता। यह अनोखी बात उसने एक अमेरिकी टीवी शो से सीखी थी, जब कॉलेज में साथ थे और जो उसे काफी हंसी वाली बात लगा करती थी।

राज कमरे में दाखिल हुआ और कुछ मिनटों तक खड़ा बस मुझे घूरता रहा। नर्वस होते हुए मैंने उससे पूछा कि क्या मैं ठीक दिख रही थी। वो मेरी ओर बढ़ा, मेरे हाथ पकड़े और बोला कि मैं हुस्न की मिसाल लग रही थी, और इससे पहले उसने जो भी हुस्न

देखा था वो फीका था। फौरन मेरी आंखें उमड़ने लगीं और इसका मतलब था कि मैं रोने वाली थी। वो मेरी ओर झुका, उसने मेरे होंठों को चूमा और बोला कि मैंने तैयार होने में इतना वक्त लगाया था कि अब मेकअप से खिलवाड़ नहीं किया जा सकता था। हम हंस पड़े — और फिर रेस्तरां के लिए रवाना हो गए।

हम रेस्तरां में दाखिल हुए और होस्टेस को अपने नाम दिए। उसने बताया कि हम बैठने के लिए तैयार थे और हमें अपने पीछे पीछे रेस्तरां के बैक रूम में आने को कहा। मेन रूम में अनेक खाली टेबलों पर मेरा ध्यान गया जो डिनर के लिए ज़्यादा अच्छे थे, लेकिन मैं कुछ समझ नहीं पाई।

दरवाज़े पर राज ने मेरी पीठ पर अपना हाथ रखा और पहले भीतर जाने के लिए मुझे आगे बढ़ाया। मैं भीतर दाखिल हुई और पाया कि कमरा हमारे दोस्तों और परिवार वालों से भरा हुआ था। हर कोई खड़ा था, हंस रहा था और हमारी तरफ गर्माहट और प्यार से देख रहा था।

मैं पूरी तरह हैरान थी, कहना ज़रूरी नहीं है कि मैं पूरी तरह उलझन में थी। यह मेरा जन्मदिन नहीं था और हर कोई जिस बात का जश्न मना रहा था, मैं इसकी और कोई वजह नहीं समझ पा रही थी।

घबराई हुई मैं राज से पूछने के लिए पीछे मुड़ी कि क्या उसे पता था। लेकिन मैं कुछ कह पाती उससे पहले मैंने उसे अपने सामने घुटनों के बल बैठा पाया। उसने हाथ में एक छोटा सा डिब्बा पकड़ रखा था। अपनी आंखों में आंसू लिए, राज ने मुझे बताना शुरू किया कैसे मेरे साथ बिताए गए पिछले कुछ बरस उसकी जिंदगी के सबसे खुशहाल बरस थे।

काम में डूबे एक लंबे दिन के बाद बस यह देखने के लिए घर लौटना कि वहां उस पर मुस्कुराती हुई मैं मिलूंगी – उसके दिन का सबसे पसंदीदा और हसीन वक्त होता। हमारी आगे की ज़िंदगी में हमारे लिए क्या छुपा था, यह देखने के लिए वो बेकरार था। और तब, अपनी गहरी, कामुक आवाज़ में उसने वो सवाल किया जिसका सपना मैं अपनी पूरी ज़िंदगी देखती आई थी। उसने छोटा सा डिब्बा खोला, जिसमें खूबसूरत 5 कैरेट की एक हीरे की अंगूठी थी और मुझसे पूछा कि क्या मैं उससे शादी करूंगी।

जो हो रहा था मैं उस पर यकीन नहीं कर पाई। राज और कमरे में मौजूद बाकी सारे लोग मेरे जवाब का बेचैनी से इंतज़ार कर रहे थे। राज जैसे ही थोड़ा नर्वस होने लगा, मैं जितने ज़ोर से हो सकता था, चिल्ला उठी, 'हां।' कमरे में खुशी का शोर फूट पड़ा।

हमने पूरे कमरे का दौरा किया और हरेक को हमारी ज़िंदगी के

इस खास पल का हिस्सा बनने के लिए शुक्रिया कहा। उस रात अपने परिवार वालों और करीबी दोस्तों के साथ होना बहुत अच्छा लगा। मेरे पेरेंट्स उस शाम के लिए खास तौर से यूनाइटेड स्टेट्स से आए थे, राज के भाई-बहन देश की अलग अलग जगहों से आए थे। अगले दिन, राज के पेरेंट्स ने हमारे लिए एक परंपरागत भारतीय सगाई रखी। सबकुछ ऐसा हुआ मानो मेरे सपने हकीकत बन रहे हों।

अगले आठ महीने ज़्यादातर हमने एक कमाल की शादी की तैयारियां करते हुए बिताईं। राज और मैं फुल टाइम जॉब्स कर रहे थे जिससे सभी कामों को पूरा करना साफ तौर पर बहुत तनाव भरा था। खुशकिस्मती से राज की माहिर मां हर बात में मदद करने के लिए थीं।

लेकिन उस जादुई दिन के लिए तनाव तो एक बहुत छोटी कीमत थी, जिस दिन मैं 'मिसेज राज मलहोत्रा' बनने वाली थी। एक खूबसूरत शादी की ड्रेस में (जो लाल बनारसी रेशम से बनी थी), मैं लोगों के बीच गलियारे से आगे बढ़ रही थी; हर घबराए हुए कदम के साथ मैं उस आदमी के और करीब होती जा रही थी, जिसके साथ मैं अपनी बाकी की पूरी ज़िंदगी गुजारने वाली थी।

शादी की रात हमारी ज़िंदगी की सबसे जोश से भरी हुई रात

थी। हमारी शादी की सुइट सफेद फूलों के समंदर से भरी हुई थीं, वे फूल जो चर्च पर हम पर बरसाए गए थे। मोमबत्तियों ने कमरे की हर सतह को घेर रखा था और फर्श पर लगी हुई थीं, और सुइट के निजी बागीचे की ओर जाने वाली एक हसीन राह बना रही थीं। हम बागीचे में बैठे थे और खूबसूरत सितारों को देख रहे थे जो लग रहा था कि आसमान में लाखों सितारे झिलमिला रहे हों।

हम दोनों ही दिन में होने वाले आयोजनों से थक चुके थे, लेकिन हमने अपने भीतर इतनी उर्जा बचा रखी थी ताकि उस बेहद खास रात को मुकम्मल अंजाम तक पहुंचा सकें। राज ने मुझे धीरे-धीरे अपनी शादी की पोशाक से बाहर आने में मदद की। पीठ पर उसके गर्म हाथों की नरम छुअन ने, उस धीमे और सेक्सी तरीके ने, जिससे वो मेरी शादी की पोशाक को खोल रहा था, मुझमें वापस ज़िंदगी जगा दी थी। उसकी गर्म सांसें मेरी स्किन पर लग रही थीं, जो मुझे काफी अच्छी लग रही थी। उसने मेरी गर्दन को चूमना शुरू किया। फिर उसने मेरी पीठ को चुंबनों से सजा दिया।

वो मेरे सारे कपड़े उतार पाता, उसके पहले मैं मुड़ी और मैंने उसे परे धकेल दिया। चूहे-बिल्ली का खेल हमें हमेशा ही उत्तेजित करता था। मैं जानती थी कि वो मुझे बुरी तरह चाहता था –

इसलिए मैंने इसे पक्का बनाया कि वो जो भी हासिल करे धीरे-धीरे हासिल करे ताकि मैं उसको छेड़ कर उन्माद की हद तक पहुंचा सकूं।

मैंने उसे कहा कि वो अपने कपड़े उतारे और उसने मेरी बात मानी। मैंने इसे बिस्तर पर लिटाया और उसके ऊपर सवार हो गई। जब मैंने अपनी देह को उसकी देह के ऊपर आगे-पीछे हिलाना शुरू किया तो मैंने अपनी जांघों के बीच उसकी मर्दानगी को धड़कते हुए पाया। उसने मुझे खींचा ताकि मेरी भरपूर छातियां उसके इतने करीब पहुंच जाएं और वो उनका स्वाद ले सके। उसकी जीभ ने मेरी छाती के रोम-रोम को छुआ। मेरी रगों में एक चुभती हुई सनसनी दौड़ने लगी। मुझे अपने साथ लिए हुए वो खड़ा हुआ। मेरी टांगें उसकी कमर से लिपटी थीं। जोश में भर कर एक दूसरे को चूमते हुए, उसने अपने हाथ मेरी कमर तक झुकाए और मुझे अपने ऊपर उठा लिया। जब हमारे बदन एक दूसरे से जुड़े, मुझसे एक कामुक कराह निकली। मेरे बदन को क्या चाहिए था, इसे वो जानता था: एक नाज़ुक छुअन, एक मज़बूत और ताकतवर धक्का।

उस रात हमने तीन बार प्यार किया। अपनी पूरी जिंदगी में हुई हमारी मुठभेड़ों में यह सबसे जोशीली मुठभेड़ थी। हमने बाकी

पूरा हफ्ता अपने होटल के कमरे में बिताया। ज़्यादातर हम बिस्तर पर पड़े रहे। हमारे नंगे बदन, किसी भी पल लुटने को तैयार।

शादी के कुछ महीनों के बाद हम अपने रिश्ते के अगले कदम के बारे में बातें करने लगे थे। यह बात बच्चे को लेकर थी। हमारे पास लुटाने के लिए खूब सारा प्यार था, और यह बात बहुत वाजिब लगती थी कि हम इसे अपने बच्चे के साथ बांटें। अपने घरेलूपन के बावजूद, हमने डेट पर खास रातें गुजारने की अपनी परंपरा बनाए रखी थी। उन मौकों पर राज आम तौर पर अपने काम से लौटते हुए वाइन और फूल लेकर आता था। उसे मेरे लिए सफेद फूल लेकर आना पसंद था, जैसे कि हमारे शादी के मौके पर इस्तेमाल किए गए थे। और हमेशा ही वो एक छोटे से कार्ड पर एक खास नोट लिखता था, जिसे वो अपने इंतज़ाम में कहीं रखा करता था।

मैं उन रातों में अपने सरप्राइज़ों की योजनाएं बनाती। इस बार मैंने डिनर के लिए एक दावत तैयार की थी, ऐसी दावत जैसी मैंने इसके पहले कभी भी नहीं बनाई थी। उसकी मां ने मुझे उसकी कुछ पसंदीदा रेसिपी बताई थी और मुझे मालूम था कि उसको वो पसंद आएगी। राज ने उस शाम को मुझे कॉल करके बताया कि वो करीब दस मिनट में घर पहुंच जाएगा।

मोमबत्तियां जलाए हुए और टेबल सजाए हुए, मैं बैठी राज के घर आने का इंतज़ार करने लगी। दस मिनट गुज़र गए और वो घर नहीं पहुंचा। तीस मिनट गुज़रे और वो अभी भी नहीं आया था। मैंने लगातार उसके फोन पर कॉल करने की कोशिश की, लेकिन मुझे कोई जवाब नहीं मिलता। घंटे भर बाद, मैंने यह देखने के लिए उसके ऑफिस फोन किया कि कहीं वो वापस तो नहीं लौट गया था। लेकिन वो वहां भी नहीं गया था। अब मुझे फिक्र हो चली थी और मैंने उसके पेरेंट्स, भाइयों और कज़िन्स को फोन किया, लेकिन उसके परिवार में किसी की भी उस दिन उससे बात नहीं हुई थी। अब मुझे बेहद चिंता होने लगी थी।

मैंने राज के मोबाइल पर फिर से कॉल करने की कोशिश की, लेकिन अब भी फोन नहीं उठाया गया। फिर तभी मेरा फ़ोन बना। दूसरी तरफ से आ रही आवाज़ ने बताया कि वो अस्पताल से बोल रहे हैं। मैं जम सी गई। मेरा दिल जोर ज़ोर से धड़कने लगा। यह एक डॉक्टर थे, जिन्होंने मुझे यह बताने के लिए कॉल किया था कि राज का कार एक्सीडेंट हुआ था।

वो एक चौराह पार कर रहा था कि एक नशे में धुत ड्राइवर ने रेड लाइट की अनदेखी करते हुए सीधे उसकी कार में टक्कर मार दी थी। उसने बताया कि फौरन एंबुलेंस आ गई थी, लेकिन

कुछ भी नहीं किया जा सकता था। राज को मौके पर ही मृत घोषित कर दिया गया था। मैं फर्श पर गिर पड़ी। मेरी चीख किसी हॉरर फिल्म की तरह पूरे मुहल्ले में गूंज उठी। फोन पर आने वाली आवाज़ ने मुझे दिलासा देने की कोशिश की, लेकिन मैं हिस्टीरिकल हो चुकी थी।

अगले कुछ हफ्ते मेरी ज़िंदगी के बदतरीन हफ्ते थे। मैं किसी प्रेत की तरह शोक की हिंदू रस्मों से गुज़री और फिर एक गहरे, अंधेरे अवसाद में चली गई। राज और मेरे परिवार ने मुझे एक थेरेपिस्ट से दिखाया, लेकिन मुझमें रुचि नहीं रह गई थी। काम पर जाने का तो सवाल ही नहीं उठता था, इसलिए मैंने छुट्टी ले ली थी। मैंने बाकी की दुनिया से खुद को काट लिया था। मैंने दोस्तों और घरवालों के फोन सुनने बंद कर दिए थे। यहां तक कि मेरी मां और पापा को भी मेरे पास आने की इजाज़त नहीं थी, जो कुछ महीने सिर्फ मेरे साथ रहने के लिए बैंगलोर आ गए थे।

महीने गुज़रते रहे और मेरी हालत और भी खराब होती जा रही थी। मैंने जीने की चाहत खो दी थी और मुझे दिन पर दिन यह महसूस होता जा रहा था कि मौत ही खामोशी और दर्द का अकेला रास्ता है। एक खास तौर से तन्हा रात में मैंने अपने लिए वाइन का एक बड़ा सा गिलास तैयार किया। मैं अपने बिस्तर पर बैठी और

सोने की गोलियों की पूरी बोतल एक तकिए पर पलट दी। मैं जब अपनी वाइन की सिप लेने लगी, मुझे गोलियां उकसाने लगी थीं। मैं बस अपने दर्द को हमेशा के लिए पोंछ देने के बारे में सोच पा रही थी। अपनी आंखों से आंसू पोंछते हुए मैंने मुट्ठी में गोलियां भर लीं। मैं उन्हें निगलने ही वाली थी कि घर की बिजली चली गई। मुझे अंधेरे से नफरत थी, मुझे इससे डर लगा कि मैं अपने आखिरी घंटे अंधेरे में बेचारगी के साथ गुज़ारूंगी।

मैंने लाइटर उठाया और घर में मोमबत्तियां जला कर रखने लगी। जब मैं किचन में आखिरी मोमबत्ती जला कर मुड़ी तो मैंने हॉल में सफेद फूलों की एक कतार बिखरी हुई देखी। ये वैसे ही फूल थे, जैसी हमारी शादी में थे। मुझे समझ में नहीं आया कि वे वहां कैसे आए थे, लेकिन किसी वजह से मुझे डर नहीं लगा।

मैं फूलों की कतार के साथ साथ चलने लगी। खिड़कियां बंद थीं, लेकिन घर भर में हल्की हवा के झोंके बह रहे थे और जब मैं हॉल में चल रही थी तो मेरा झीना नाइटगाउन हवा में लहराता जा रहा था। जब मैं बेडरूम में लौटी, तो मैंने देखा कि एक नंगा आदमी मेरे बिस्तर पर लेटा हुआ है। घर में अंधेरा था और मैं समझ नहीं पाई कि वो कौन था। फिर मैंने एक गहरी आवाज़ को

कहते हुए सुना, 'कियारा, मैं लौट आया।'

वो आदमी उठा और मेरी तरफ बढ़ा। खिड़की से गुज़रते हुए, उसके चेहरे पर चांदनी पड़ी। और ठीक वहां राज फिर से मेरे सामने खड़ा था।

मैं राज की तरफ भागी, मेरी आंखों से झर झर आंसू बह रहे थे। क्या यह सच हो सकता था? क्या वो लौट आया था? उसके गिर्द अपनी बांहें मजबूती से कसते हुए मैंने खुद से कहा कि मैं उसे अब जाने नहीं दूंगी। मैं भावनाओं में इस कदर डूब गई थी कि मैं बोल तक नहीं सकी।

राज ने मेरे गालों पर उंगलियां दौड़ाईं, मेरी ठुड्डी ऊपर की ताकि मैं सीधे उसकी आंखों में देख सकूं। वो फुसफुसाया, 'मैं कभी नहीं गया था।' उसने मेरे होंठों पर अपने होंठ रख दिए, मुझे एक नाज़ुक और ज़ोरदार किस दिया जिसने मुझमें गर्माहट से भरा वही जाना पहचाना अहसास दिया जो मेरे बदन की हर रग में सुकून भर देता था। अचानक, मेरे आंसू रुक गए। मेरा दिल भागने लगा था, लेकिन मुझे डर नहीं लग रहा था।

उसने मुझे बताया कि वो ठहर नहीं सकता था, कि वो हमारी साथ गुज़ारी जानेवाली अकेली रात थी। मैंने उससे गुज़ारिश की कि वो जहां भी जाएगा, मैं उसके साथ जाऊंगी। राज पर आगे की

तरफ झुका, हमारे माथे एक दूसरे को छू रहे थे और उसने मुझे कहा कि अभी सिर्फ उसके जाने का वक्त हुआ था। उसने मुझसे कहा कि मैं उदास नहीं हूं, बल्कि हमारे साथ गुज़ारे आखिरी पल के मजे लूं क्योंकि यह पल कभी लौट कर नहीं आने वाला था।

फिर वो अपनी उंगलियों से धीरे धीरे मेरी बांहें सहलाने लगा, जब तक कि उसकी उंगलियां मेरी नाइटगाउन के फीतों के हुक तक नहीं पहुंच गईं। उसने मेरी बांहों पर फीतों को नीचे सरकाया, वे मेरी बांहों से निकल गए और नाइटगाउन फर्श पर गिर गया। हमने एक दूसरे को गहन उत्तेजना के साथ चूमना शुरू किया। यह वही गहरी भावना था, जैसी मैंने अपनी शादी के दिन महसूस की थी। वो भावना, जिसे मैं भूलने लगी थी।

उसकी बू ने मुझे जगा दिया था। अब मुझमें अचानक ही आग भर गई थी और मुझे राज की और भी तलब होने लगी थी। मेरे हाथ और होंठ वे औजार थे, जिनसे मैं उसकी देह के हरेक हिस्से की पड़ताल किया करती थी। उसकी गहरी स्किन बेहद नर्म और चिकनी थी। मेरे हाथ उसके सीने के बालों के उलझावों में खो गए। मैं उसके सबसे अंतरंग हिस्सों को छेड़ने लगी तो उसकी मर्दानगी मज़बूत हो गई थी और गर्व से भर गई थी।

राज ने हौले से मुझे बिस्तर पर लिटाया। उसने अपनी जीभ से

मेरी कसी हुई, नंगी देह के हर कोने का सुराग लगाया। जब वो नीचे की तरफ बढ़ रहा था, मेरी देह पर आनंद की भावना छा गई। उसके हाथ हमेशा ही मेरे बदन के उन अंतरंग हिस्सों के बारे में जानते थे, जो मुझे जन्नत में ले जाते थे।

वो ऊपर की ओर बढ़ने लगा, उसने मेरे चेहरे को अपनी हथेलियों में लिया, मेरे मुंह को चूमा। इस दौरान उसकी देह मेरी देह के ऊपर थी। उसकी मज़बूत कमर पर मेरी टांगें कसी हुई थीं और इसी हालत में उसने मुझमें प्रवेश किया। हम फिर से एक हो गए थे। जोश से भरे हुए हरेक धक्के के साथ मेरी नाज़ुक देह में एक नई ज़िंदगी आती। यह वो देह थी, जो राज की छुअन की लालसा में धीरे धीरे मरती जा रही थी।

उस रात हमने घंटों तक प्यार किया, लेकिन तब भी मेरा मन नहीं भरा। मेरी देह को सुख का ऐसा अनुभव हुआ, जैसा कभी पहले नहीं हुआ था। शारीरिक रूप से मैं थक गई थी, लेकिन साथ ही मुझमें एक ऐसी उर्जा आ गई थी जिसकी चाह मुझे अरसे से थी।

मैं राज की बांहों में पड़ी रही, मैं जगी रहने की बड़ी कोशिश कर रही थी ताकि साथ के उन पलों को जितना मुमकिन हो सके लंबा खींच सकूं।

सुबह की चुभती हुई धूप ने मुझे जगाया। मैंने राज को खोजने के लिए नज़रें घुमाईं, लेकिन वो वहां नहीं था। मैंने घर के सभी कमरे देख लिए ताकि मुझे इस बात की कोई निशानी मिल सके कि रात जो हुआ था, वो हकीकत था। वहां ऐसी एक भी निशानी नहीं थी। कोई फूल नहीं थे, खिड़की अंदर से बंद थी। सिर्फ पिघली हुई मोमबत्तियां थीं, जो शाम की याद दिला रही थीं।

शायद यह बस एक सपना ही था। लेकिन जो भी हो, अपनी ज़िंदगी को ढर्रे पर लाने के लिए मुझे इसी की ज़रूरत थी। अगले दिन मैं अपने मम्मी-पापा से मिलने गई। उन्हें यह देख कर बहुत खुशी हुई कि मुझमें कुछ-कुछ पहले जैसी ज़िंदगी लौट आई थी। मैंने उन्हें बताया कि मैंने स्कूल में बात की है और मैं आनेवाले हफ्ते में काम पर लौटने वाली हूं।

ज़िंदगी फिर से अपनी रफ्तार पकड़ने लगी थी। दूसरे हफ्ते के दौरान, स्कूल में मुझे चक्कर आने लगे। जांच कराने के लिए मैं अपने डॉक्टर से मिली। अपनी मीटिंग के दौरान उसने मुझे जो बताया, उसके लिए मैं तैयार नहीं थी। उसने बताया कि मैं प्रेग्नेंट थी।

मैं यकीन नहीं कर सकी। ऐसा तो किसी भी तरह मुमकिन नहीं था, मैंने कहा। डॉक्टर ने मुझे यकीन दिलाया कि मैं पक्के तौर पर

प्रेग्नेंट थी। उस पल मुझे इसका अहसास हुआ कि उस रात राज ने मुझे आखिरी सरप्राइज़ दिया था। एक ऐसा सरप्राइज़, जो मेरे साथ पूरी ज़िंदगी बना रहेगा और उसकी याद को ज़िंदा बनाए रखेगा। वो एक खूबसूरत लड़का था, जिसका नाम मैंने रखा- राज।

मालिश

अजीत एक ऐसी कंपनी में बिज़नेस अनैलिस्ट था, जो गिरवी रखने का काम करने वाली देश की सबसे बड़ी कंपनियों में से एक थी।

उसका काम बड़ा तनाव भरा था। वो सीधे कंपनी के एक्ज़ीक्यूटिव्स के मातहत काम करता था और अक्सर ही उसे देर तक काम करने की ज़रूरत पड़ती थी। अगर उसके बॉस लोगों को कोई चीज़ फौरन चाहिए होती तो वो वीकेंड के दौरान और छुट्टियों में भी काम करता।

इस तरह काम में कुछ बरस बिताने के बाद, इस गति से काम करने का असर अजीत की सत्ताईस साल की देह पर पड़ने लगा था। पूरे दिन बैठे रहने से उसकी गर्दन और पीठ में हमेशा ही दर्द रहता और लगातार कंप्यूटर देखते रहने से उसे भारी सिरदर्द रहता।

एक रात, घर लौटते हुए, वो एक छोटे से प्लाज़ा में रुका ताकि डिनर के लिए वहां से बना-बनाया खाना ले सके। खाना पैक हो रहा था, तक उसने बाहर इंतज़ार किया और ताज़ा हवा ले रहा था, जिसकी एक भरे हुए दफ्तर में पूरा दिन बिताने के बाद उसे बेहद ज़रूरत थी।

जब वो इंतज़ार कर रहा था, एक औरत खाने की उस दुकान से निकली और उसी बेंच पर दूसरी तरफ बैठ गई, जिस पर वो बैठा

था। अजीत उसकी खूबसूरत, भूरी आंखों और लंबे, रेशमी बालों पर फिदा हो गया।

'रात कैसी गुजर् रही है?' उसने उस खूबसूरत अजनबी से पूछा।

'अच्छा। मैं बस अपने ऑर्डर का इंतज़ार कर रही हूं, जो मैंने लंच के लिए दिया था,' औरत बोली।

अजीत हंसा। 'लंच? आठ बजने वाले हैं। मेरे ख्याल से लंच के लिए आपने थोड़ी देर कर दी है।'

'ना। मैं वक्त पर हूं। मैं इन दुकानों से आगे एक मसाज पार्लर में लेट शिफ्ट में काम करती हूं,' उसने मुस्कुराते हुए कहा।

अजीत थोड़ा हैरान था। वो पहले कभी भी मसाज पार्लर में नहीं गया था लेकिन उसके मन में उनकी तस्वीर एक 'गंदी दिखने वाली लड़कियों' वाली एक घटिया सी जगह के रूप में थी। इससे पहले कि वो उससे कुछ और पूछ पाता, रेस्टोरेंट से एक आदमी निकला और उसे खाने का एक पैकेज पकड़ा गया।

'अच्छा, तो फिर काम पर वापस। आपसे मिल कर अच्छा लगा। अगर आपको कभी अपने तनाव को हल्का करने की ज़रूरत पड़े तो आपको पता है कि मैं कहां मिलूंगी।।।' जाते हुए उसने फ्लर्ट करती हुई सी आवाज़ में कहा।

उस रात, अजीत उस रहस्यमय औरत के चेहरे को अपने दिमाग से निकाल नहीं पाया। अब तक वो जितनी औरतों से भी मिला था, वो उनमें से किसी भी जैसी नहीं थी। बस उसकी पसंदीदा बॉलीवुड फिल्मों की हीरोइनों को छोड़कर। उसने इसकी कल्पना करने की कोशिश की कि वो अपने यूनिफॉर्म के भीतर कैसी दिखती। उसने मंझोले आकार की उसकी छातियों की तस्वीर बनाई जो इतने ऊंचे और कसे हुए थे कि उसे ब्रा पहनने की भी ज़रूरत नहीं थी। और उसका एक मज़बूत और गोल कूल्हा था। बिस्तर में जाने के बाद उस औरत के बारे में सारी रात कल्पनाएं करते हुए उसने सोने से पहले खुद को आनंद दिलाया।

अगले दिन दफ्तर में उसे काम में मन लगाने में मुश्किल हो रही थी। कम सोने से वो नशे जैसा महसूस कर रहा था – उसकी रंग-बिरंगी कल्पनाओं ने उसे रात भर जगाए रखा था। एक अहम रिपोर्ट पूरी करके देने का वक्त करीब आ रहा था लेकिन वो बस उस औरत के बारे में ही सोच पा रहा था।

उस शाम, उसने मसाज पार्लर की पार्किंग में जाकर गाड़ी रोकी। करीब आधे घंटे तक वो कार में बैठा रहा, वो भीतर जाने की हिम्मत जुटा रहा था। उसके हाथ कई बार कार के दरवाज़े तक गए थे, लेकिन उसकी हिम्मत ने उसका साथ नहीं दिया। आखिर

में उसने कार चालू की और घर लौट आया।

अगली तीन रातें भी ठीक इसी तरह गुज़रीं। हर रात अजीत तड़पते हुए दिल के साथ घर लौटता। हर रात वो कल्पनाएं करते हुए सोने जाता और एक ऐसी औरत के सपने देखता जिससे वो बात तक करने से डरता था।

शुक्रवार की रात आ गई और अजीत ने घर लौटते वक्त एक लोकल बार में रुकने का फैसला किया। उसने सोचा कि कुछ ड्रिंक्स से उसे इतनी हिम्मत मिल जाएगी कि वो जाकर उस रहस्यमय औरत से बात कर पाएगा। थोड़ी पीने के बाद आए साहस के बाद, उसने फैसला किया कि अब चलने का वक्त आ गया है।

जब वो मसाज पार्लर में दाखिल हुआ, एक खूबसूरत बुज़ुर्ग महिला ने उसका रिसेप्शन पर स्वागत किया और पूछा कि उसे किस तरह की मालिश की तलाश में था।

अजीत को पता नहीं था कि वो क्या कहे। वो पहले कभी भी किसी मसाज पार्लर नहीं गया था और उसे यह भी पता नहीं था कि अलग अलग तरह की मालिश कराई जा सकती है। उसने रिसेप्शनिस्ट से कहा कि वो मालिश के लिए एक खास औरत को खोज रहा था। वो उसका नाम नहीं जानता था, लेकिन वो उसके

बारे में बता सकता था। लेकिन उसने जो बताया, वो इतना अस्पष्ट था कि रिसेप्शनिस्ट कोई मदद नहीं कर सकी।

कई औरतें इस जैसी हैं, उसने बताया।

अजीत की हिम्मत जवाब देने लगी थी। उसने उस औरत से कहा कि उसने गलती कर दी थी और वो जाने के लिए मुड़ा। ठीक तभी, जब वो बाहर निकल रहा था, रिसेप्शन के पीछे एक दरवाज़ा खुला। ये वही औरत थी।

'हे, मुझे तुम याद हो।।।क्या तुम जा रहे हो?' उसने पूछा।

'नहीं, नहीं। असल में मैं बस अभी आया था। मैं तुम्हें ही खोज रहा था लेकिन मुझे समझ में आ गया कि यह मुश्किल था क्योंकि मैं तुम्हारा नाम नहीं जानता था,' अजीत ने कहा।

'मेरा नाम प्रिया है, और अभी अभी मेरा ब्रेक खत्म हुआ है इसलिए अगर तुम तैयार हो तो हम भीतर चल सकते हैं,' उसने एक सेक्सी, दावत देती सी मुस्कान के साथ कहा।

कमरा छोटा सा था जिसमें सिर्फ एक मालिश की टेबल थी और कुछ खानें थे जो मोमबत्तियों, तेलों और तौलियों से भरे हुए थे। प्रिया ने कुछ तौलिए खींचे और सुकून पहुंचाने वाला संगीत चला दिया। उसने कहा कि वो बस कुछ मिनटों में लौट आएगी और अजीत से कहा कि वो अपने सारे कपड़े उतार डाले और

टेबल पर लेट जाए, और कमर से नीचे का हिस्सा ढंकने के लिए तौलिए का इस्तेमाल करे।

'सभी कपड़े? अंडरवियर भी?' अजीत ने पूछा।

प्रिया खिलखिलाई और बोली, 'बिल्कुल। क्या तुम अनाड़ी हो? तुमने पहले कभी मालिश नहीं कराई है?'

'वेल, असल में नहीं। मैं कभी कंधों की मालिश कराता था लेकिन तब मैं पूरे कपड़ों में होता था।।।' उसने जवाब दिया।

उसकी इस बात पर दोनों खूब हंसे, जिससे अजीत की झिझक मिट गई।

उसने अपने कपड़े उतारने शुरू किए। जब उसने अपनी शर्ट के बटन खोलने लगा तो उसकी उंगलियां कांपीं। आसपास यह देखने के लिए नज़र दौड़ाई कि वो अकेले ही है और फिर अपनी पैंट निकाल दी। अजीत अपने घर के बाहर कभी भी नंगा नहीं हुआ था इसलिए अंडरवियर निकालते हुए उसे संकोच महसूस हुआ। उसने तौलिया उठाया और अपनी मर्दानगी को छुपा लिया, और फिर जल्दी से अंडरवियर निकाल कर टेबल पर कूद पड़ा।

कुछ मिनटों के बाद, प्रिया वापस लौटी। उसने कुछ मोमबत्तियां जला दीं और लाइट्स बंद कर दीं। कमरे का माहौल बहुत सुकून पहुंचाने वाला था। अजीत ने अपनी आंखें बंद कर लीं और खुद

को उस सुकून देने वाले संगीत में और मोमबत्तियों की गरमाहट में डुबो दिया।

प्रिया ने जब धीरे धीरे अजीत की पीठ पर मालिश का तेल डालना शुरू किया, उसकी गर्माहट ने उसके खून का दौरा बढ़ा दिया।

वो प्रिया के नरम हाथों को महसूस कर सकता था जो उसकी गर्दन और पूरी पीठ पर तेल को फैला रहे थे। उसकी छुअन नाज़ुक और यकीन से भरी हुई थी। उसके हाथों के झटके मज़बूत हो चले थे, जब वो अजीत के कंधों की पेशियों की मालिश करने लगी थी। वो उसकी सारी गांठें खोल रही थी। उस पर, उसका सारा तनाव दूर हो गया और वो अपनी जॉब के तनाव को भूल गया था।

फिर प्रिया ने अजीत की जांघों की मालिश शुरू की। हरेक मज़बूत दबाव के साथ, अजीत की देह आनंद से कांप उठती। उसकी कामुक छुअन इतनी आनंद देने वाली थी कि वो उत्तेजित होने से खुद को रोक नहीं सका। उसे फिक्र होने लगी कि प्रिया को इसका पता चल जाएगा।

'मुझे नहीं लगता कि मैं तुम्हारी गर्दन के तनाव को पूरी तरह हल्का कर पाई थी। क्या तुम्हें कोई दिक्कत है अगर मैं तुम्हारी पीठ पर बैठ जाऊं ताकि मैं पूरी ताकत लगा सकूं?' उसने पूछा।

घबराहट में अजीत ने हां कर दिया। वो गहरे तक बड़ी राहत महसूस कर रहा था और साथ ही, उसकी उत्तेजना भी बढ़ती जा रही थी।

प्रिया मालिश की टेबल पर चढ़ी, और दोनों तरफ पैर करके अजीत के कूल्हों पर बैठ गई। वो आगे की तरफ झुक गई और उसके कंधे की तनी हुई पेशियों की अपनी उंगलियों से गहराई से मालिश करने लगी थी। जब वो मालिश कर रही थी, अजीत अपनी पीठ में कुछ महसूस कर रहा था। यह एक गर्म, गुदगुदाती हुई सनसनी थी जिससे उसे आनंद तो आ रहा था, लेकिन वो समझ नहीं पा रहा था कि वो क्या था। उसे इतना सुकून मिल रहा था कि उसने पूछा नहीं और वहां उसके काम के मज़े लेते हुए पड़ा रहा।

आखिरकार प्रिया ने उसे पलटने को कहा, ताकि वो उसके सीने की मालिश कर सके। अजीत के दिल ने धड़कना बंद कर दिया। अभी भी उसका पूरी तरह तना हुआ था और वो जानता था कि अगर वो पलट गया तो वो इसे छुपा नहीं पाएगा।

'यू नो, मुझे लगता है कि इतना काफी है। मुझे पूरी तरह सुकून महसूस हो रहा है। मैं पहली बार मालिश करा रहा हूं इसलिए मुझे लगता है कि बेहतर रहेगा, अभी थोड़ी हल्की मालिश ही कराई

जाए,' उसने प्रिया से कहा।

वो उलझन में पड़ गई।'लेकिन अभी काम पूरा नहीं हुआ है। तुम्हारे सीने की पेशियों की मालिश ज़रूरी है। क्या मैं अच्छे से मालिश नहीं कर रही हूं?'

अब अजीत को बुरा लगा – वो नहीं चाहता था कि उसे लगे कि वे उसे इसलिए रोक रहा था कि वो काम में अच्छी नहीं थी। 'नहीं, ऐसा बिल्कुल नहीं है, मुझे बस कहने में थोड़ी एंबैरेसमेंट हो रही है,' अजीत ने झिझकते हुए कहा।

'क्या बात है? तुम्हें मेरे सामने एंबैरेस्ड फील करने की ज़रूरत नहीं है। मैं एक प्रोफेशनल हूं। लेकिन बात बस इतनी ही नहीं है।।।आई।।।आई लाइक यू,' उसने जवाब दिया।

वो पहले झिझका लेकिन फिर पलट गया।

जब वो मुड़ रहा था, उसे यह बात समझ में आई कि उसे अपनी पीठ पर जब सनसनी महसूस हो रही थी, प्रिया की छातियां उसकी पीठ पर रगड़ खा रही थीं। वो पूरी तरह नंगी उसकी मालिश कर रही थी। इसने उसमें और सख्ती ला दी।

तौलिए ने उसकी कमर को ढंक रहा था, तब भी यह बहुत साफ था कि वह उत्तेजित था। वो बड़े अटपटे ढंग से वहां पड़ा था, और इंतज़ार कर रहा था कि वो इस पर कैसे रिएक्ट करती है। प्रिया बस

मुस्कुरा दी। 'बस इतना ही? मालिश के दौरान ये होना तो पूरी तरह नेचुरल है,' उसने नरम आवाज़ में कहा। 'प्लीज़, एंबैरेस्ड फील मत करो।'

उसे पता था कि उसे किस तरह राहत दिलाना है। अजीत ने अपनी आंखें मूंद लीं और खुद को उसके भरोसे छोड़ दिया। वो प्रिया के जादू का इंतज़ार करने लगा। जब उसके सीने पर मालिश का लसलसा सा तेल टपक रहा था, अजीत की सांसें भारी हो आईं। वो महसूस कर सकता था कि उसकी धड़कन धीरे-धीरे मद्धिम पड़ती जा रही थी, जब प्रिया ने उसके चिकने सीने पर तेल को फैलाना शुरू किया। उसकी देह की हर पेशी ढीली पड़ने लगी।

अपने मन में उसने तस्वीर बनानी जारी रखी जिसमें प्रिया की नंगी देह उसकी अपनी देह से रगड़ रही थी। उसे यह पक्का करने के लिए आंखें खोलनी पड़ीं कि वो कल्पना नहीं कर रहा था। उसके सीने की मालिश करती प्रिया की खूबसूरत, बड़ी, नंगी छातियां अगल-बगल में झूल रही थीं। उसकी मेहनत की वजह से निकलने वाले पसीने से उसकी स्कन दमक रही थी।

उनकी नज़रें मिलीं और ऐसा महसूस हुआ कि वो दोनों ही किसी और दुनिया में, किसी और युग में थे। वो जानता था कि

प्रिया को भी ऐसा ही अहसास हो रहा था। जब वे एक दूसरे की आंखों में देख रहे थे, प्रिया अपने हाथों को अजीत के सीने से नीचे की तरफ ले जाते हुए उसके पेट और उसकी बगलों की मालिश करने लगी। उसके हाथों की हरेक रगड़ के साथ, वो उसकी मज़बूत, जवान देह और उसके हाथों की ओर खिंचाव और भी बढ़ता जा रहा था, जो उसकी मर्दानगी के इतने करीब थे।

प्रिया ने तौलिए के सिरे को पकड़ा और उसे हटाने लगी। उसकी मर्दानगी को गर्म हवा ने छुआ, जिसने उसमें जान डाल दी। अब उसमें दर्द भरी सख्ती आ गई थी।

उसकी देह में सुख में डूब गई, जब प्रिया ने उसके सबसे निजी अंगों की मालिश शुरू की। वो उसकी नरम, नंगे वजूद को पकड़ने से रोक नहीं सका। उसकी उंगलियां उसे टटोलने लगीं, उसकी गर्दन सहलाने लगीं, उसकी बड़ी बड़ी छातियों के बीच घूमते हुए उसके पेट तक पहुंच गईं। उसने एक गहरी सांस छोड़ी जब वो उसकी छातियों को छू रही थी, अपनी उंगलियों से उनकी गोलाइयों को महसूस कर रहा था, उन्हें हथेलियों के प्याले में भर रहा था, उन्हें दबा रहा था।

बिना एक भी शब्द कहे, प्रिया ने खुद को अजीत की तनी हुई मर्दानगी के ठीक ऊपर रख दिया। जब वो धीरे-धीरे उस पर नीचे

की ओर आ रही थी, अजीत उसके मांस की गर्माहट को महसूस कर सकता था।

प्रिया ने धीरे धीरे, एक गोल दायर में अपनी देह को घुमाना शुरू किया। वो अब ज़ोर-ज़ोर से कराहने लगी थी। आनंद का अहसास उस पर हावी था। उनकी देहों की सनसनी भरी लय तेज़ और तेज़ होती जा रही थी। अजीत ने प्रिया की कसी हुई जांघों को पकड़ लिया और उसे धक्के देने लगा। हरेक मजबूत धक्के के साथ, वे क्लाइमेक्स के करीब पहुंचते जा रहे थे।

जब दोनों जुनून की आखिरी हद तक पहुंचे, अजीत अपने भागते हुए दिल के साथ पड़ा रहा। उसकी देह को जितना अच्छा महसूस हो रहा था उस पर वो यकीन नहीं कर पा रहा था। उसे गहरा सुकून महसूस हो रहा था और वो संतुष्ट था। यह एक ऐसी सनसनी थी, जिसे वो कभी नहीं भूलेगा।

अजीत कभी भी उस मसाज पार्लर में नहीं लौटा। उसने सोचा कि दोबारा वहां जाने से उसकी यादों की आग खत्म हो जाएगी। कई बार उसने प्रिया को उस रेस्टोरेंट के बाहर देखा, जहां वे खाने का इंतज़ार करते हुए पहली बार मिले थे। वो बातें करते और फिर अपनी ज़िंदगियों में लौट जाते। उनकी सेक्स मुलाकात ने उन दोनों के बीच में एक दोस्ती पैदा कर दी थी।

कई बार ज़िंदगी में आपको सबसे ज़्यादा जिस चीज़ की ज़रूरत होती है, वो ऐसी चीज़ होती है जिसके बारे में आपने कभी अंदाज़ा नहीं किया होता।

प्यार जाग उठा

शादी के दस बरसों के बाद मेरे और मेरे पति के बीच की आग बुझ गई थी। हम अभी बस पैंतीस के आसपास ही थे, लेकिन हम ऐसे रहते मानो हम साठ पार कर चुके हों। कबूल करने का वक्त है – पिछले साल रित्विक और मैं बस कुछेक मौकों पर ही अंतरंग हुए थे।

मैं अब भी उसे प्यार करती थी और मैं जानती थी कि वो भी मुझे प्यार करता है, लेकिन ऐसा हुआ था कि हमने एक दूसरे से सेक्सुअली जुड़ना बंद कर दिया था। हमारे रिश्ते में यह बदलाव तब आया था जब हमारा दूसरा बच्चा पैदा हुआ था। हम बेहद खुश थे कि वो हमारी दुनिया में आया था, लेकिन इससे हमारे रिश्ते में काफी सारा तनाव भी आया था – हमारी बातचीत के मुद्दे आयाओं, स्कूलों और डॉक्टरों से मुलाकातों के इर्द-गिर्द होते न कि हमारे अपने बारे में।

एक दिन मैं खास तौर से रोमांटिक महसूस कर रही थी। पिछले कुछ दिनों से मैं एक गरमागरम, कामोत्तेजक उपन्यास पढ़ रही थी, जिसने मुझे इसकी याद दिला दी थी कि सेक्सी फील करना कैसा होता है। मैंने अपनी मां से पूछा कि रात में क्या बच्चे उनके घर पर रह सकते हैं। वो खुशी खुशी राज़ी हो गईं इसलिए मैंने उनके बैग्स पैक कर दिए और उन्हें भेज दिया।

मैंने बाकी का सारा दिन खुद को तैयार करने में लगाया। मैंने अपने बालों को घुंघराला बनाया, मेनिक्योर के लिए गई और खूब सलीके से मेकअप किया। मेरी अलमारी में एक छोटी सी, काली ड्रेस थी, जिसे मैंने बरसों से नहीं पहना था। मुझे सुखद अहसास हुआ, जब यह मुझे अब भी फिट आया।

मैंने घर को खूबसूरत तरीके से संवारा। डिनर टेबल तो ऐसा दिख रहा था मानो सीधे किसी पत्रिका से निकाल कर रख दिया गया हो। मोमबत्तियों ने कमरे का मिजाज़ तय कर दिया। मैंने आमने सामने बैठने की दो जगहों को शानदार तरीके से तैयार किया और टेबल के बीच में ताज़ा खिले खूबसूरत गुलाब रखे। सब गज़ब का लग रहा था। रसोईए और नौकरों को शाम को छुट्टी दे दी गई थी, ताकि हम तन्हाई में इस रात के सचमुच मज़े उठा सकें।

जब रित्विक घर लौटा, उसने अपना ब्रीफकेस और कोट पलंग पर फेंका। वो खूबसूरत ढंग से सजाए हुए डाइनिंग रूम को पीछे छोड़ते हुए किचेन में आया और उस दिन काम में आई एक मुश्किल के बारे में बताने लगा। अपना गला साफ करते हुए मैंने अपने सिर से डाइनिंग रूम की तरफ इशारा किया।

रित्विक मुड़ा और उसने मोमबत्तियों से रोशन कमरे और खिले

हुए गुलाब देखे। हैरान होते हुए उसने आज के मौके के बारे में पूछा। मैंने उसे बताया कि मैं बस अपने पति के साथ एक रोमांटिक डिनर करना चाहती थी। बच्चे जा चुके थे और बस हम दोनों ही होने वाले थे। उसकी आंखें चमक उठीं और वो आया और उसने मुझे चूम लिया।

रित्विक टेबल पर बैठा और हमारे लिए वाइन की गिलास तैयार की। जब मैं टेबल की तरफ बढ़ रही थी, उसने मेरी तारीफ करते हुए कहा कि मैं बेहद खूबसूरत दिख रही थी। आखिरकार, उसने उस कोशिश की तरफ ध्यान दिया था; जो मैंने उसके लिए अच्छी दिखने के लिए की थी। हम साथ बैठे और खाने का मज़ा लिया; सुकून से एक दूसरे के साथ डिनर करना और फिर अपनी ज़िंदगियों के बारे में बातें करना कितना बढ़िया था।

डिनर के बाद, मैंने टेबल साफ किया और बरतनों को धोने के लिए किचेन में गई। रित्विक सिंक तक आया, उसने अपनी बांहों में मुझे लपेट लिया और मेरे गालों को चूमा। एक शानदार खाने के लिए उसने मेरा शुक्रिया कहा।

मैंने महसूस किया कि हमारे बीच की गर्माहट लौटने लगी थी। वाइन की एक बोतल शेयर करने के बाद और उसकी मीठी-मीठी बातें सुनने के बाद, मेरी देह सचमुच में एक अंतरंगता के मूड में

थी। मैंने रित्विक से बिस्तर में चलने को कहा, मैंने कहा कि मैं बस कुछेक मिनटों में आ रही हूं। मुझे लपेटे हुए, उसने मुझे कसा और बोला कि वो मेरा इंतज़ार करेगा।

ऊपर, बेडरूम में जाते हुए मैंने आईने के पास रुक कर खुद को देखा कि मैं अभी भी सुंदर दिख रही थी कि नहीं। मैं एक सेक्सी चाल के साथ कमरे में दाखिल हुई और पाया कि रित्विक बिस्तर में सो रहा था। शुरू-शुरू में मैंने सोचा कि वो बस मुझे छेड़ रहा था, इसलिए मैं बिस्तर तक गई और अपने कपड़े उतार लिए। सिर्फ साटिन की अपनी नई काली ब्रा और पैंटी पहने हुए, मैं बिस्तर पर चढ़ी और उसे चूम लिया। उसने कोई प्रतिक्रिया नहीं दी, इसलिए मैं उसके कान में फुसफुसाई कि मैं चाहती थी कि वो मुझे प्यार करे।

रित्विक ने करवट बदली, नींद में बड़बड़ाते हुए 'गुड नाइट' कहा और हल्के-हल्के खर्राटे लेने लगा। मुझे यकीन नहीं आ रहा था! उस रात मेरे इतना सारा करने के बाद – वो सो रहा था? मैंने उसे इतने ज़ोर से झकझोरा कि वो करीब करीब बिस्तर से गिरने ही वाला था।

घबराया हुआ दिखते हुए, उसने पूछा कि क्या हो रहा था। मैंने अपना तकिया उठाया और उसके चेहरे पर दे मारा। जिस मर्द से

मेरी शादी हुई थी, उसे अब मैं दिलकश नहीं लग रही थी। ये हो रहा था। मैंने खुद को इतना बेडौल कभी महसूस नहीं किया।

यह देख कर कि मैं कितनी उखड़ी हुई थी, रित्विक ने माफी मांगी और कहा कि उस रात मैंने जो कुछ भी किया था, उसके लिए वो मेरी तारीफ करता है। लेकिन उसका दिन सचमुच ही बहुत तनाव में गुज़रा था और वो थक गया था। लेकिन मैं जानती थी कि बात इतनी भर नहीं थी।

मैंने अपना तकिया और कंबल उठाया और तेज़ी से कमरे से निकल गई। मैंने सोफे पर अपने लिए एक छोटा सा बिस्तर लगाते हुए मैंने वाइन का एक और गिलास तैयार किया और वहां पड़ कर रोने लगी। मेरी नज़रों के सामने मेरी शादी नीरस हो गई थी – अगर यह ऐसी ही बनी रही तो मुझे पता था कि यह कुछेक बरसों से ज़्यादा नहीं चल पाएगी। मैं एक रोमांटिक औरत थी और इस कारोबारी बंदोबस्त में नहीं रह सकती थी जहां वो मेरे लिए घर और पैसों का इंतज़ाम करेगा और मैं घर और बच्चों की देखभाल करूंगी। अनेक शादियां ऐसे ही चलती हैं, लेकिन मैं इससे कहीं, कहीं ज़्यादा चाहती थी।

रित्विक नीचे आया और उसने मुझे परेशान देखा। वो वहीं खड़ा मुझे देखता रहा लेकिन राहत दिलाने के लिए मुझसे एक भी

शब्द नहीं बोला। इसके बजाए, वो फिर से ऊपर चला गया। कुछ वक्त के बाद, वो फिर से नीचे आया और मुझसे हौले से कहा कि मैं तैयार हो जाऊं। मैं उसकी बात सुनने के मूड में नहीं थी और उसकी मांगों से चिढ़ी हुई थी। लेकिन उसने मुझे चूमा, मेरे चेहरे से मेरे बालों को हटाया और बोला कि मैं बस अपनी ड्रेस फिर से पहन लूं और रात भर के लिए एक हल्का सा बैग पैक कर लूं। मैं हिचकिचाई, लेकिन उसने मुझसे कहा कि मैं उस पर भरोसा रखूं।

मैं ऊपर गई और ड्रेस पहन कर और मेकअप को फिर से संवार कर मैं नीचे आई। मैं इस बदलाव पर उलझन में थी। हम कार में बैठे और अंधेरे में आगे बढ़ गए। रित्विक पूरे रास्ते मेरा हाथ पकड़े रहा। यह एक छोटी सी हरकत थी, लेकिन इसने मेरे दिल को इस कदर गरमाहट से भर दिया, जैसा मैं बहुत पहले महसूस किया करती थी।

हम एक शानदार, फाइव-स्टार होटल के ड्राइववे में जाकर रुके। वहां हमारे लिए रिज़र्वेशन कराया जा चुका था। रित्विक ने मुझे रूम में जाने और अपना इंतज़ार करने को कहा। जब मैं कमरे में दाखिल हुई, वहां फूलों का एक गुलदस्ता शैंपेन की एक बोतल के साथ मेरा इंतज़ार कर रहा था।

मैं फिर से बेचैन हो उठी, जब रित्विक का एक टेक्स्ट मुझे

मिला, जिसमें लिखा था कि उसे दुख था, लेकिन उसे किसी अर्जेंट काम से ऑफिस भागना पड़ रहा है। उसने कहा था कि मैं नीचे, होटल के बार में जाऊं जहां वो जल्दी ही आकर मेरा साथ देगा। फिर से वही हरकत! मैंने अपना गुस्सा दबाया और उसका इंतज़ार करने के लिए नीचे चली आई।

बार खूबसूरत थी, जिसमें बड़े-बड़े, सफेद खंभे थे जिनको 14 कैरेट सोने के काम से सजाया गया था। यह चाहे जितना भी खूबसूरत हो, मैं अपना दिमाग रित्विक और अपनी बिखरती हुई शादी से हटा नहीं पा रही थी। करीब बीस मिनट इंतज़ार करने के बाद मुझे रित्विक का एक और मैसेज मिला जिसमें उसने कहा था कि एक भारी संकट की वजह से उसे सारी रात ऑफिस में गुज़ारनी होगी। वो बुरी तरह दुखी था और वो बाद में मुझसे आकर मिलेगा। मैं यकीन नहीं कर सकती थी – एक ही रात में मैं अपने पति से दूसरी बार ठगी हुई महसूस कर रही थी।

मैंने अपनी ड्रिंक गले में उतारी और कमरे में जाने के लिए लिए उठी। मैं बार स्टूल से उठ पाती, इसके पहले एक आदमी मेरे पास आया और उसने मुझे पूछा कि क्या मेरी बगल की सीट पर कोई बैठा था। मैं बस उसे बताने ही वाली थी कि मैं शादीशुदा थी, कि मैंने अपनी नज़रें ऊपर कीं और पाया कि यह रित्विक था। बस,

वो आम तौर से जैसा दिखता था, उससे अलग दिख रहा था। उसके बाल जेल लगा कर पीछे की ओर संवारे हुए थे और वो एक महंगी शर्ट पहने हुए था जिसमें ऊपर के बटन खुले छोड़ दिए थे। उसने कहा कि वो उम्मीद करता है कि वो बहुत आगे-आगे नहीं भाग रहा था लेकिन मैं इतनी खूबसूरत दिख रही थी कि वो मेरे लिए ड्रिंक खरीदने को मजबूर था।

उसने कहा कि उसका नाम हरि था और उसने मेरा नाम पूछा। मेरे दिल की धड़कन तेज़ हो गई। मैं इस खेल को समझ नहीं पाई, लेकिन मैं इसे पसंद करने लगी थी। मैंने उसे बताया कि मेरा नाम नारी था और मैं उखड़ी हुई थी क्योंकि मेरे पति ने मुझे झांसा दिया था। मैं अकेली महसूस कर रही थी और एक मर्द साथी की तलाश में थी। हरि बैठ गया और उसने मेरे लिए कुछ ड्रिंक्स ऑर्डर किए।

'तो अपने बारे में कुछ बताओ,' मेरी आंखों में गहराई से देखते हुए हरि बोला। मैं उसकी आफ्टरशेव को सूंघ पा रही थी और उसकी देह की मज़बूती को करीब से महसूस कर रही थी। यह आदमी मेरे पति जैसा नहीं लग रहा था। मैं अपने बारे में बातें करने लगी और महसूस किया कि मैं इस खूबसूरत आदमी के साथ फ्लर्ट कर रही थी। इससे मुझे कोई दुख नहीं हो रहा था कि हरि लगातार इसका खयाल रख रहा था कि हमारे गिलास

लगातार भरे जाते रहें।

हमने जितनी ज़्यादा बातें की, मैं उतनी ज़्यादा उत्तेजित हो रही थी। ऐसा था मानो हमारे शब्द एक बात कह रहे थे, और हमारी देह एक दूसरी बात कह रही थी। जल्दी ही हम मुस्कुराते और हंसते हुए, झुक कर एक दूसरे के करीब आ गए थे। उसकी जांघें मुझे छू रही थीं और हमारी बांहें धीरे-धीरे एक दूसरे की ओर बढ़ रही थीं। जब एक मज़ाक पर मैं हंसी तो मैंने पाया कि अचानक मैं उसके सीने से रगड़ रही हूं। एक वक्त, वो झुका और उसने बालों की एक लट को हटा दिया जो मेरे चेहरे पर झूल आई थी। एक बिजली मेरी देह को सहला रही थी।

कुछेक ड्रिंक्स के बाद मैंने हरि से पूछा कि क्या वो मुझे मेरे कमरे तक पहुंचा देगा। उसने बिल चुकाया और मेरी बांह पकड़ते हुए एलीवेटर की तरफ ले गया। हमारे बीच सेक्सुअल टेंशन इतनी ज़्यादा थी कि मैं सांस तक नहीं ले पा रही थी। मैंने उसे सोने से पहले एक ड्रिंक की दावत दी। मैं चाहती थी कि यह रात कभी भी खत्म न हो।

होटल का कमरा खूबसूरत था। रोशनी मद्धिम थी और पर्दे समेट दिए गए थे, ताकि आप मुंबई की झिलमिलाती रोशनी को देख सकें। हरि ने हमारे लिए शैंपेन के दो गिलास तैयार किए और

कोई संगीत चला दिया। उसने अपनी गर्माहट भरी, गहरी आंखों से मुझे देखा और मुझे डांस करने को कहा।

हमने धीमे-धीमे डांस किया, उसके हाथ मेरी गर्दन को सहला रहे थे और मेरे हाथों ने उसकी कमर पकड़ रखी थी। और हमने बातें कीं। 'अपनी फैंटेसियों के बारे में बताओ,' एक वक्त मैंने पाया कि मैं उससे पूछ रही हूं। मैं हमेशा इतनी संकोची रही थी कि मैंने रित्विक से कभी ऐसा कोई सवाल नहीं किया था, लेकिन मुझे लगा कि मैं हरि से कुछ भी पूछ सकती हूं। हमने उन हंगामेदार रातों के बारे में बातें कीं जो हमने अपनी नौजवानी के दिनों में गुज़ारी थीं, उन सबसे शरारती जगहों के बारे में बातें कीं जहां हमने कभी सेक्स किया था, और हमने इसके बारे में भी बातें कीं कि हमारी गहरी फैंटेसियां क्या थीं।

एक मौके पर मैंने हरि को बताया कि मैं शादीशुदा थी और कि यह मुनासिब नहीं था कि मैं अपने होटल के कमरे में किसी और मर्द के साथ होऊं। उसने मुझे देखा और बोला कि मेरा पति इसी के लायक था। वो बेवकूफ था कि उसने मुझे अपनी नज़रों से हट जाने दिया। वो मुझे चूमने के लिए झुका। मैं अरसे से उस किस का इंतज़ार कर रही थी और मैंने उसका जवाब उतने ही जोश के साथ दिया। हम वहां खड़े रहे, होटल के उस कमरे में

एक दूसरे से लिपटे हुए।

चूमने से मोहलत लेकर मैं बाथरूम गई और उससे कहा कि वो कुछ मिनटों में वहां आ जाए। मैंने शावर चला दिया और अपने कपड़े हटा लिए। गर्म पानी की भाप से मेरी स्किन चमकने लगी। मैं पूरी जगह ज़िंदा हो गई थी। हरि बाथरूम में नंगा दाखिल हुआ। अपने चौड़े सीने और मजबूत टांगों के साथ वो इतना सेक्सी दिख रहा था। उसकी मर्दानगी सावधानी की मुद्रा में खड़ी थी।

शावर मे, उसने अपने मज़बूत हाथों को मेरी बड़ी, गोल छातियों पर रगड़ा। हमारे होंठों ने एक दूसरे का स्वाद लिया, जबकि मैं अपने गीले बदन पर उसके दबाव को महसूस कर रही थी। जिस वक्त उसकी उंगलियां मेरे रोम रोम की तलाश कर रही थीं, मेरी रगों में खून कुलांचे भरने लगा था।

मैंने नहाने के एक छोटे से तौलिए पर पर खूब सारा साबुन लगाया और उसे रगड़ने लगी। उसके सीने के बालों में मेरी उंगलियां खो गई थीं। वो उसके सीने और उसकी बांहों की पेशियों को महसूस कर रही थीं। जब मैं अपने हाथ नीचे की तरफ ले गई, उसकी सांसें भारी हो गईं। मैं उसे अपने हाथों में धड़कता हुआ महसूस कर सकती थी।

हरि ने तौलिया मुझसे लेकर मेरी छातियों पर साबुन उंड़ेल दिया। मेरी स्किन पर साबुन का अहसास बहुत उत्तेजक था। जब उसने मेरी छातियों पर साबुन मलना शुरू किया, उसका झाग नीचे की ओर बहते हुए मेरे सबसे निजी अंगों तक जा रहा था। उसने कपड़ा लिया और मेरी देह के सबसे नाज़ुक अंगों को हौले से धो दिया। जब उसकी उंगलियां मुझे सबसे ज़्या आनंद देने वाले अंगों पर गईं तो मैं सिहर उठी।

शॉवर में करीब बीस मिनटों के बाद, एक दूसरे की देह को छेड़ने और पूजा करने के बाद, हमने एक दूसरे को सुखाया और बिस्तर तक गए। जब मैं बिस्तर पर, अपने ऊपर हरि की नंगी देह को लिए हुए लेटी, उसने मुझे चूमना और मेरी छातियों को चूसना शुरू किया। उसके होंठ और जीभ मेरे सबसे अंदरूनी हिस्सों में घूम रहे थे और मेरी पूरी देह में सिहरन भरी सनसनी दौड़ रही थी। मुझसे बस कराह ही निकल पा रही थी, क्योंकि मैं अपने मांस पर गोल-गोल घूमती उसकी जीभ की गर्माहट को महसूस कर रही थी।

हरि बैठ गया और उसने मुझे अपनी देह पर खींच लिया। उसने मुझे अपनी गोद में बैठाया। मेरी टांगें उसकी कमर पर कस कर लिपटी हुई थीं और मेरी छातियां उसके सीने को दबा रही थीं।

उसने मेरे बाल पीछे की तरफ खींचे और मुझे जुनून में भर कर चूमने लगा। मेरी उंगलियां उसकी पीठ में धंसी जा रही थीं।

मेरा दिल अड्रेनलिन से होड़ लगा रहा था जब मैं इंतज़ार कर रही थी कि वो कब मुझमें दाखिल होता है। अब मैं सिर्फ यही चाह रही थी कि वो मेरे भीतर हो। मेरी देह की हरेक मांसपेशी तन गई, जब मैंने हरि को अपने भीतर धंसते हुए महसूस किया। धीरे-धीरे हम एक दूसरे में समा गए। जब मैं पीछे की ओर झुकी, उसकी उंगलियों ने मेरी पीठ के मेहराब को हौले से सहलाया। उसकी लय हमारी देहों को समंदर की मज़बूत लहरों की तरह हिलाती रही।

मुझे नीचे झुका कर मुझे उठाए हुए वो खड़ा हुआ। उसने मुझे पलट दिया और अब मेरी छातियां दीवार की ठंडी सतह को छू रही थीं। जब वो फिर से मुझमें दाखिल हुआ, मैंने अपनी गर्दन के पीछे उसकी गर्म सांसों को महसूस किया। मैं दीवार से सटा कर खड़ी की गई थी और अपनी देह पर उसकी सख्त देह के दबाव को महसूस करना मेरी ज़िंदगी के सबसे उत्तेजक अनुभवों में से एक था। मैंने महसूस किया कि मैं उसका खिलौना थी और अपने को संतुष्ट करने का अकेला तरीका ये था कि उसको खुश किया जाए।

हरि के हर धक्के के साथ मेरी देह में आनंद की सिहरन होती। उसके हाथों ने मेरी कमर को मज़बूती से कस रखा था और हमारी देहें आगे-पीछे झूल रही थीं। हरि ने फिर से मेरी पोज़ीशन बदली और अब हम एक दूसरे को देख रहे थे। मज़बूती से मेरी छातियों को पकड़ते हुए, वो ज़्यादा सख्ती और तेज़ी से धक्के देने लगा। हम वहीं खड़े रहे, मेरी पीठ दीवार से लग रही थी, उसकी पसीने में डूबी देह ने मेरी देह को दबा रखा था और मेरे अंदरूनी अंगों को जैसे तहस-नहस कर रहा था। उसके आखिरी कुछ धक्कों के साथ, हम आनंद के शिखर पर पहुंच कर ढह पड़े।

हमारी देह थकान के मारे ढीली पड़ गई और हम वहीं बिस्तर पर पड़े, अपनी धड़कनों के वापस शांत होने का इंतज़ार करने लगे। उस रात हमारी रगों में जैसा जुनून दौड़ा था, ऐसा हुए एक अरसा हो गया था। हम नंगे ही सो गए, मेरा सिर हरि के सीने पर था और उसकी बांहों ने मुझे कस कर पकड़ रखा था। जब हम नींद की गहराई में जा रहे थे, उसने मेरे कानों में फुसफुसा कर कहा कि मेरा पति एक ऐसी खास औरत को अपनी बीवी के रूप में पाकर बड़ा खुशकिस्मत था।

माली

पिछली गर्मियों में मेरे पति कबीर ने सहन की सजावट के लिए एक मज़दूर काम पर रखा। हमारे पास पैसे थे और टोरंटो के खूबसूरत उपनगरों में से एक में एक बड़ा, सजीला घर था। लेकिन कबीर पैसों के मामले में सख्त थे। जब घर के कामकाज की बात आती, वे स्थानीय कॉलेज के लड़कों को गुलामों जैसी दिहाड़ी पर काम पर रखना पसंद करते जो पैसों के लिए बेकरार रहते थे।

हमारे पड़ोसियों में से एक ने उन्हें अर्जुन के बारे में बताया था। उन्होंने कहा था कि वो मेहनती मज़दूर था जो सस्ते में आता था और कभी शिकायत नहीं करता था। कबीर को तो बस इसी की तलाश थी।

अर्जुन ने अगले हफ्ते से काम शुरू कर दिया। उसका काम बाड़ की रंगाई करना, खर-पतवारों की सफाई करना और पूरे सहन में नए सिरे से पौधे लगाना था। यह काफी सारा काम था और इसमें शायद तीन या चार लोगों की ज़रूरत थी, लेकिन कबीर उतनी ज़्यादा रकम खर्च करना नहीं चाहते थे।

एक दिन मैं एक गिलास वाइन के लिए किचन में गई। जब मैं खिड़की के पास से गुज़र रही थी, मैंने अर्जुन को सहन में काम करते हुए देखा। वो पसीने में डूबा हुआ था। उस दिन गर्मियों की

धूप बर्दाश्त से बाहर थी और मुझे बुरा लगा कि वो इसको झेलने को मजबूर था।

मुझे इस बात की फिक्र हुई कि वो गर्मी से बेहोश हो जाने वाला था, मैंने उसे तरोताज़ा करने के लिए कुछ देने का फैसला किया। मैंने कुछ नीबू काटे और बर्फ डले पानी के एक बड़े से पिचर में उन्हें निचोड़ा।

जब मैं गिलास उठा रही थी, मैंने खिड़की के बाहर से झांका और देखा कि अर्जुन थोड़ा अजीबोगरीब तरीके से व्यवहार कर रहा था। वे अपने आसपास इस तरह देख रहा था मानो वो इसकी जांच कर रहा हो कि कोई उसे देख तो नहीं रहा है। ऐसा लगा मानो वो कोई ऐसा काम करने जा रहा था जो लोगों की नज़रों से छुप कर किया जाने वाला हो। इससे मेरी रुचि जाग गई।

किचन के झीने पर्दों के पीछे से मैंने उसे बड़ी दिलचस्पी से देखा। ज़्यादा वक्त नहीं बीता, जब अर्जुन ने अपनी शर्ट को अपने सिर के ऊपर से खींचते हुए उतारा और ज़मीन पर फेंक दिया।

पसीने में डूबी हुई उसकी मजबूत, मांसल, उन्नीस साल की देह के इस नज़ारे ने मुझे फौरन ही बेचैन कर दिया। ऐसी खूबसूरत, सख्त देह को अपनी आंखों से देखे हुए मुझे अरसा हो गया था। मैंने पच्चीस साल पहले भारत में कबीर से शादी की थी। मैंने

उनके अलावा और किसी मर्द को नहीं जाना था। अक्सर ही मुझे इसको लेकर हैरानी होती कि किसी और मर्द के साथ सोना कैसा होता होगा और आज ये खयाल मेरे मन में फिर से सिर उठा रहा था। मैं खिड़की पर करीब पंद्रह मिनट तक बैठी रही और उस नौजवान मर्द को गर्म धूप में काम करते हुए देखती रही। उसकी देह की हरेक तनी हुई मसल से बूंद बूंद करके पसीना निकल रहा था और उसकी देह की खूबसूरती में चार चांद लगा रहा था।

झूठ होगा अगर मैं कहूं कि मैं पूरी तरह उत्तेजित नहीं हो गई थी।

कबीर किचन में आए और उन्होंने मुझसे पूछा कि मैं क्या देख रही थी। फौरन ही, मैंने खुद को संयत किया और उन्हें बताया कि मुझे उस नौजवान के लिए बुरा लग रहा था और उसे थोड़ा पानी देने जा रही थी।

"ठीक है, दे आओ। मैं नहीं चाहता कि वो मेरे सहन में मरे।" कबीर ने कठोर लहजे में जवाब दिया।

मैं पिचर और एक कटोरे में ताज़ा कटे हुए आम लेकर बाहर निकली। अर्जुन मेरी ओर पीठ किए हुए काम कर रहा था और उसे पीछे से देखना, आगे से देखने जितना ही रसीला था।

मैं उसके पीछे जाकर पल भर को चुपचाप खड़ी हो गई और

उसकी सेक्सी, मुश्क जैसी खुशबू लेती रही। मेहनत कर रहे, पसीने में डूबे हुए मर्द की गंध बहुत कामुक थी। मैं वहां घंटों खड़ी रह सकती थी।

मैं करीब झुक आई और उसके लुभानेवाले लहजे में उसके कान में फुसफुसाई, 'गर्म है?' एक डरी हुई बिल्ली की तरह वो मुड़ा और उछल पड़ा, जिससे मेरे हाथों में पानी के पिचर को ठोकर लग गई और पानी मुझको गीला कर गया।

अर्जुन का चेहरा भूत की तरह सफेद हो गया, पक्के तौर पर वो इससे डर गया होगा कि उसकी इस छोटी सी घटना उसका काम छुड़वा सकती थी। कांपती हुई आवाज़ में वो बोला, 'आ'म सो सॉरी, मिसेज सिंह। क्या आप गीली हो गईं?'

मैंने सनग्लासेज उतारीं ताकि वो मेरी आंखों में देख सके और छेड़खानी करती हुई मुस्कुराहट के साथ मैंने कहा, 'तुम्हें अंदाज़ा ही नहीं है।।।' मेरी बात पर उसके गाल स्ट्रॉबेरी की तरह लाल हो गए। उसकी मासूमियत में ऐसा कुछ था जो मुझे उसकी ओर खींच रहा था।

मैंने उसे बताया कि आंगन के टेबल पर और भी पानी रखा था और वो खुद लेकर पी सकता है। जब मैं घर की ओर लौट रही थी, मैं महसूस कर सकती थी कि उसकी नज़रें मेरी देह को छेद

रही हैं। उस छोटी सी मुलाकात ने मेरी देह में आग लगा दी थी।

उस शाम, मैं कबीर के बिस्तर पर आने की इंतज़ार नहीं कर सकी। मैं यह याद नहीं कर सकी कि आखिरी बार मैंने कब अपने पति को सचमुच में प्यार करना चाहा था। लेकिन मैं अपने दिलोदिमाग से अर्जुन की सख्त, पसीने में नहाई हुई देह को नहीं उतार सकी। मैं अपनी देह में दौड़ती हुई सेक्स की प्यास से राहत पाना चाहती थी।

जब कबीर बेडरूम में दाखिल हुए, मैं गज़ब की दिख रही थी। मैंने उनका स्वागत एक लंबे, काले, झीने नाइटगाउन में किया, जो मेरे सबसे नाज़ुक अंगों को मुश्किल से ही छुपा पा रहा था। एक ओर ऊंचाई तक लगाए हुए चीरे से लंबी, मज़बूत टांगें झांक रही थीं, जिनपर अभी अभी महंगा लोशन लगाया गया था।

सेक्स की मेरी पुकार अनसुनी रह गई। कबीर मेरे पास तक आए, मेरी ललाट को चूमा और एक कारोबारी सौदे के बारे में बातें शुरू कर दीं, जिसमें नुकसान हुआ था। इस दौरान वे चुपचाप कपबोर्डों को खोलते-बंद करते रहे। मैं उकसाने वाले अंदाज़ में बिस्तर पर बैठी रही और उम्मीद करती रही कि वे मेरी तरफ गौर करेंगे। लेकिन उन्हें मेरा खयाल नहीं आया। एक बैग में अपना सामान रखते हुए, उन्होंने मुझे बताया कि वे शहर में एक छोटे से

फ्लैट में जा रहे हैं, ताकि वे सुबह की भरी हुई सड़कों से बच सकें। फिर वे चले गए। मेरी रात वाइन की एक बोतल, एक ठंडे शावर और रो-रो कर नींद की आगोश में चले जाने पर खत्म हुई।

अगले दिन मैंने गर्म मौसम का फ़ायदा उठाने और सहन में थोड़ी सी धूप खाने का फैसला किया। मैं सोचती हूं कि मेरे मन का एक हिस्सा बस बाहर रहने का बहाना खोज रहा था ताकि मैं अर्जुन को काम करते हुए देख सकूं।

वन-पीस बाथिंग सूट पहने हुए मैं सेक्सी दिख रही थी। सूट में सीने और बगलों में ऐसे झीने कटआउट लगे थे, जिनसे देह के हिस्सों की खासी झलक मिलती थी। यह असल में स्विमसूट से ज़्यादा, अंदर पहने जाने वाले कपड़े जैसा था जो शायद बीस की उम्र वाली किसी लड़की के लिए डिज़ाइन किया गया था। लेकिन यह मेरी जिम में कसी हुई देह पर बखूबी फब रहा था। चालीस की उम्र पार कर चुकी एक औरत होने का मतलब ये तो नहीं था कि मैं सेक्सी नहीं दिखूं या मैं ऐसी भावनाओं से मुक्ति पा लूं।

मेरे बाल पीछे की तरफ एक कसी हुई चोटी में गुंथे हुए थे और मेरे कानों में सोने के बड़े बड़े छल्ले लटक रहे थे। ऐसी सज-संवर कर मैं बाहर निकली। मेरे कंधों पर साटिन का काला दुपट्टा मेरे पीछे हवा के झोंकों में लहरा रहा था। जब मैं अर्जुन की मजबूत

देह को हसरत से देख रही थी, मेरी आंखों पर लगे हुए बड़े, महंगे सनग्लासेज़ ने मेरी आंखों की लालसा को छुपा रखा था।

मैं लाउंजर (आरामकुर्सी) पर वाइन की एक गिलास के साथ बैठी और आराम करने लगी। उसने मेरी ओर देखा और प्यारी सी मुस्कान उसके होंठों पर आई। मैंने भी एक शोख मुस्कान उसे पेश की।

अपने हाथ पर सनस्क्रीन की बोतल को हौले हौले दबाते हुए, मैंने उसे अपनी देह पर लगाना शुरू किया। हल्के-हल्के मैंने अपनी पूरी बांह में सनस्क्रीन लगा ली। मैंने उसे अपनी टांगों पर लगाया। इस दौरान मैंने अपनी टांगे ऊपर उठा ली थीं ताकि कोई जगह छूट न जाए। अब मेरी चिकनी देह का लगभग सभी हिस्सों में क्रीम लग चुकी थी।

मैंने अर्जुन को पुकारा ताकि मैं उसकी मदद ले सकूं। 'मैं तुम्हें परेशान नहीं करना चाहती, लेकिन क्या तुम मेरी पीठ पर थोड़ी सनस्क्रीन लगा दोगे?' मैंने भारी आवाज़ में उससे कहा।

उसकी आंखें फैल गईं और उसका चेहरा पीला पड़ गया।

'क्यों नहीं, मैम,' वो हौले से बुदबुदाया।

मुझे अच्छा नहीं लगा कि उसने मुझे मैम कहा — इससे मैं दादी जैसी महसूस करती थी। लेकिन मैंने उसका शुक्रिया कहा और

उसे सनस्क्रीन की बोतल थमा दी। मैं लाउंजर पर पलट गई ताकि मेरी पीठ अर्जुन की ओर हो जाए। पीछे से मेरे स्विमसूट का गला काफी गहरा था, जिसमें मेरी पूरी पीठ दिखाई देती थी। तीस सेकेंड बीत गए थे और कुछ नहीं हुआ। मैंने मज़ाक करते हुए पूछा कि अर्जुन वहां था या नहीं।

अर्जुन हल्की सी, घबराई हुई सी हंसी हंसा और माफी मांगी। मैंने उसे बोतल खोलने की कोशिश करते हुए सुना और आखिरकार उसका ढक्कन निकाल सका। उसने उसे हल्के से दबाया, लेकिन कुछ नहीं निकला। उसने फिर कोशिश की, लेकिन कुछ नहीं हुआ। अब वो झुंझलाने लगा था, उसने बोतल को हिलाया, उसे मेरी पीठ की तरफ मोड़ कर ज़ोर से दबाया। मेरे मुंह से एक आह की सांस निकली, जब मैंने अपनी पीठ पर सनस्क्रीन के छींटों के बड़े और ठंडे से घेरे को महसूस किया।

मैंने हैरानी में पीछे की ओर सिर घुमाया और जब हमारी आंखें एक दूसरे से मिलीं, हम दोनों की ठठा कर हंस पड़े। उसने अपनी कमीज़ उतारी और फालतू सनस्क्रीन को उससे पोछ दिया।

उस पर हमारे बीच की वो अदृश्य दीवार गिर गई। वो मेरी पीठ पर सनस्क्रीन रगड़ने लगा। मेरी चिकनी स्किन पर उसकी खुरदरी उंगलियों की छुअन बहुत मज़ेदार थी। इतना नौजवान और

घबराया हुआ होते हुए भी, उसकी छुअन बहुत सधी हुई लेकिन नाज़ुक थी।

मैंने अर्जुन को शुक्रिया कहा और घंटे भर तक लाउंजर पर पड़ी रही और छुप-छुप कर उसकी हरेक हरकत को देखती रही। उसमें ऐसा कुछ था, जो मेरे खून को रवानी देता था।

मैंने एक बार फिर तन्हा रात गुज़ारी। मेरे पति का शहर का दौरा पिछले कुछ बरसों में बढ़ता ही गया था। मैं महसूस करती थी कि मैं हमेशा ही अकेली रही थी। कबीर जब यहां होते तब भी वो होकर भी नहीं होते। मैंने सोचा कि मैं इसकी आदी हो गई थी – टीवी और शराब की बोतल मेरा साथ निभाते थे। लेकिन आज मुझे अपने अकेलपन का बोझ कुछ ज़्यादा ही भारी लगने लगा था। मेरे भीतर कुछ बदल गया था। मैं जानती थी कि मैं टूटने की कगार पर पहुंच चुकी थी और मुझे अपनी अकेली रात को गुज़ारने के लिए वाइन की बोतल और एक ठंडे शावर से ज़्यादा कुछ की ज़रूरत थी।

अकली सुबह कबीर ने मुझे यह बताने के लिए फोन किया कि वो अगली तीन रातें शहर में ही बिताने वाले थे। मेरे भीतर का एक हिस्सा यह सोच रहा था कि वो सचमुच ही काम की मुश्किलों को ठीक करने के लिए जो हो सकता था वो कर रहे थे। मेरे मन का

दूसरा हिस्सा सच्चाई को जानता था कि वो शायद किसी बीसेक साल की कॉकटेल वेट्रेस के साथ इश्कबाज़ी कर रहे होंगे। मैंने उम्मीद की कि मैं गलत होऊं।

मैं किचन में बैठी सुबह की कॉफी पी रही थी और अपनी भावनाओं पर काबू पाने की कोशिश कर रही थी। मुझे गुस्सा आ रहा था, मैं खुद को तन्हा और तनाव में महसूस कर रही थी। तभी मेरा ध्यान सहन में काम करते अर्जुन पर गया। उसे काम करते हुए देखने में ऐसा कुछ था, जिसने मेरी देह में एक गर्म सनसनी भर दी।

करीब दस मिनट बाद उसने सिर उठाया और खिड़की से मुझे देखा। मैंने उसे नखरे के साथ हैलो कहा। उसने मझे देखा और बस मुस्कुरा दिया।

शुक्रवार आ गया था और कबीर अब भी शहर में थे। उन्होंने मुझे कहा था कि मैं उनके घरवाले ऑफिस में जाऊं और सेफ से कुछ पैसे निकाल कर अर्जुन को उसके पहले हफ्ते की मज़दूरी दे दूं। दिन के आखिर में, अर्जुन यह बताने के लिए किचन में मेरे पास आया कि उसने अपना काम पूरा कर लिया था और अब जानेवाला था। मैंने उसे कुछ मिनट रुकने को कहा ताकि मैं जाकर उसकी मज़दूरी ले आऊं।

जब मैं नहीं लौटी, अर्जुन ने घर में मुझे तलाशना शुरू कर दिया। मैं इसी के इंतज़ार में थी। आखिरकार मैंने अपने बेडरूम के दरवाज़े पर हल्की सी दस्तक सुनी, जिसके बाद एक घबराई हुई सी आवाज़ पूछ रही थी, 'मिसेज सिंह, आप यहां हैं क्या?' मैंने दरवाज़ा खोला। मैं एक सफेद लेस का ढीला ढाला गाउन पहने थी। मेरी छातियां खूबसूरत, तनी हुई और शोख दिख रही थीं। मैंने अपनी सबसे ऊंची हील वाली जूतियां पहनी थीं, जिन्होंने मेरी टांगों की लंबाई को बढ़ा दिया था। मैं दिलकश और उत्तेजना से भरपूर दिख रही थी।

फौरन ही अर्जुन मुड़ गया और इस तरह घुस आने के लिए माफी मांगी। उसने कहा कि वो अपनी मजदूरी अगले हफ्ते ले लेगा। मैंने उससे कहा कि वो बेवकूफी न करे और मेरे तैयार होने तक बिस्तर पर बैठ जाए।

वो वहां बिस्तर के किनारे पर एक सहमे हुए बिल्ली के बच्चे की तरह बैठा रहा। उसके हाथ उसकी जांघों के नीचे दबे थे और उसकी भूरी आंखें फैली हुई थीं। मैंने उससे पूछा कि क्या वो मेरी वजह से घबरा रहा था। उसकी आंखें छत की तरफ देख रही थीं, उसने कहा कि वो मेरे पास आते ही घबरा जाता है।

उसने कबूल किया कि कई मौकों पर उसने मेरी तरफ अनुचित

तरीके से देखा था।

हैरान होते हुए मैंने उससे पूछा कि 'अनुचित' का क्या मतलब था। उस पर मेरा जो असर हुआ था वो मुझे अच्छा लग रहा था। यह मेरे मज़बूत और सेक्सी होने का अहसास करा रहा था।

'अच्छा, मैंने देखा है बस आपकी।।।जैसी आप हैं।।।मेरा मतलब कि मैंने आपकी जैसी औरत पहले कभी नहीं देखी।।।' अर्जुन के माथे पर पसीने की बूंदें छलक आईं। 'आप बहुत आकर्षक लगती हैं और कई बार आपकी तरफ न देखना मुश्किल हो जाता है।'

उसकी मासूमियत और रहमदिली इतनी फुर्ती दिलाने वाली थी। मुझे याद नहीं आ सका कि आखिरी बार कब मैं किसी को आकर्षक लगी थी। शायद इसके पीछे यह डर था कि मैं बूढ़ी होती जा रही थी, या शायद कबीर ही अब मुझे कम बताने लगे थे कि मैं कितनी हसीन थी।

उसकी तरफ बढ़ते हुए मैंने उसकी ठोड़ी में अपनी उंगली लगाई और उसका चेहरा ऊपर उठा दिया। 'तुम्हें मेरे आसपास रहने पर घबराने की ज़रूरत नहीं है,' मैंने एक शोख लहजे में उससे कहा। वो मुस्कुराया और उसके गाल लाल हो गए।

मैंने उससे पूछा कि वो अपनी निजी जिंदगी के बारे में थोड़ा

और बताए। उसका परिवार, उसके शौक, वो अपने दोस्तों के साथ क्या करना पसंद करता था। जब उसने ठहर-ठहर कर बताना शुरू किया, मैं अपनी टांगों में बॉडी लोशन लगाने लगी थी। यह काफी महंगा था जिसे मैंने दुबई के दौरे के दौरान खरीदा था। इसकी खुशबू मर्दों को खींचने के लिए बनाई गई थी और इससे स्किन नरम हो जाती थी और उसमें चमक आ जाती थी।

अर्जुन ने अपने हाथों को अपनी गोद में रखा और बेकरारी में अपनी बढ़ती हुई मर्दानगी को छुपाने की कोशिश करने लगा। उसकी सांसें भारी हो रही थीं। 'क्या तुम कभी किसी औरत के साथ पहले रहे हो, मतलब सेक्स के लिए?' मैंने एक एक नरम, उत्तेजित करने वाली आवाज़ में कहा।

इस बात पर वो हैरान रह गया कि मैं उससे ऐसा कोई सवाल पूछूंगी। डर के मारे वो वहीं जस का तस बैठा रहा। 'नहीं मैम,' उसने ज़ोर से फुसफुसाते हुए कहा। इसके बाद उसने थूक निगला। 'लेकिन मैंने एक नंगी औरत को देखा है।।।वहां।।।अमम।।।एक पत्रिका में।।।'

मैं अपनी ड्रेसिंग टेबल पर पीठ टिका कर बैठ गई और अपनी देह को इस तरह से साधा कि मेरे कुदरती उभार और उभर जाएं। अर्जुन अब मुझसे मुश्किल से ही आंखें मिला पा रहा था और

नज़रें चुरा कर मेरी टांगें देख रहा था जो लोशन से दमकने लगी थीं।

'क्या तुम उन्हें छूना पसंद करोगे?' मैंने उसे कहा। मेरा दाहिना हाथ मेरी जांघ को सहला रहा था।

अर्जुन ने जवाब नहीं दिया लेकिन मैं जानती थी कि वो ऐसा करना चाहता था। मैं खड़ी हुई और उसकी तरफ बढ़ी। अब मेरी देह उससे महज कुछ इंच दूर थी। उसने मुझे देखा, वो इतना घबराया हुआ था कि उसकी आंखों से पानी बहने लगा। मैंने उसके हाथ पकड़े और उन्हें अपनी जांघों के पीछे रख दिया। मेरे हाथ उसके ऊपर थे और मैंने उन्हें ऊपर-नीचे घुमाना शुरू कर दिया।

मेरी रेशमी स्किन पर उसके खुरदरे हाथों का मेल बेजोड़ था। जब मैंने उसके हाथों को ऊपर की तरफ उठाते हुए अपने कूल्हों की तरफ किया, मैं महसूस कर सकती थी कि उसकी उंगलियों की पकड़ मुझ पर सख्त होती जा रही थी। मैंने उसके हाथों को छोड़ दिया, लेकिन उसने मेरी जांघों को रगड़ना जारी रखा।

उसकी अनगढ़ छुअन ने मुझे इस कदर उत्तेजित कर दिया, जैसी मैं पहले कभी नहीं हुई थी। ज्यों ज्यों उसकी लंबी उंगलियों की दिलचस्पी बढ़ती जा रही थी, मैं खुद को गीला होते हुए महसूस कर सकती थी।

अपना साहस जुटाते हुए, उसकी उंगलियां ऊपर की तरफ बढ़ीं और उसने मेरी छातियों के उभारों को मापना शुरू कर दिया। सिर उठाए अपनी बचकानी मासूमियत वाली आंखों से मेरी तरफ देखते हुए उसने पूछा, 'क्या मैं उन्हें देख सकता हूं, प्लीज़?'

एक भी शब्द कहे बिना, मैंने अपने अंगूठों को अपने गाउन के फीतों के नीचे ले गई। धीरे धीरे मैंने फीतों को अपने कंधों पर से सरकाना शुरू किया। जब फीते गिरने लगे, मैंने अपनी बांह अपनी छातियों के नीचे लगा दी, ताकि वह सेक्सी पोशाक फर्श पर न गिर जाए।

ऐसा लग रहा था उसको छेड़ने का हर पल अर्जुन के लिए एक यातना था। जो होने वाला था, उसका अंदाज़ा लगाते हुए अपनी जीभ को अपने दांतों में दबाए वो इंतज़ार करता बैठा रहा कि मैं अपनी छातियों को उसके आगे खोल दूं।

आखिरकार, मैंने बांह हटाई और उस सर्द, रेशमी कपड़े को अपनी देह धीरे-धीरे फिसल कर फर्श पर गिर जाने दिया। अपनी बांहों को ऊपर उठाते हुए मैंने अपने लंबे, काले बालों को अपने सिर के ऊपर कर दिया, ताकि वो मेरी भरपूर छातियों को बखूबी देख सके।

अर्जुन का मुंह खुला का खुला रह गया। उसने मेरी छातियों को

इस तरह देखा मानो किसी बेहतरीन कलाकृति को देख रहा हो। मैंने अपना हाथ उसकी गर्दन के पीछे रखा। यह एक मज़बूत पकड़ थी, यह बताने के लिए कि कमान मेरे हाथ में थी। मैंने उसका चेहरा अपनी छातियों की ओर खींचा; उसकी गर्म, गहरी सांस मेरी स्किन पर गर्मियों के एक गर्म दिन की धूप जैसी महसूस हुई।

मैंने उसके हाथों को अपनी छातियों पर रखा। उसकी कांपती हुई, सहलाती हुई उंगलियों ने मेरी पूरी देह में सिहरन दौड़ा दी। उसने हौले से मेरी छातियों को दबाया, छोड़ा और फिर से दबाया। फिर उसने मेरी छातियों के इर्द-गिर्द के हल्के गोलों को धीरे-धीरे महसूस करना शुरू किया। मेरी देह में उसकी मद्धिम तलाश एक ही साथ मासूम भी थी और कामुकता से भरपूर भी थी। और यह मुझे कगार पर ले जा रही थी।

नीचे की तरफ आते हुए, मैंने उसकी शर्ट को उसके सिर की तरफ से उतारा। मैं झुकते हुए उसके करीब आई और उसके नरम होंठों को चूमा। मैं जितना ही उसको उकसाना चाहती, उतना ही मैं जानती थी कि कुछ रहस्यों के रहस्य बने रहना बेहतर होता है। मैंने उसके कानों में फुसफुसा कर थैंक्स कहा और उसकी मज़दूरी का लिफाफा उसे थमा दिया।

अर्जुन और मेरे बीच उस छोटी सी मुलाकात से मेरी रूह में

एक नई ज़िंदगी सांसें लेने लगी थी। एकाएक मैं खुद को दस साल छोटी महसूस करने लगी थी, मैं फिर से दिलकश लगने लगी थी। लालसा की एक वस्तु भर नहीं, बल्कि उसने मुझे खूबसूरत महसूस कराया था।

हमारे बीच जो कुछ हुआ था, उसमें अगले कुछ हफ्तों में मजबूती ही आई। जब कबीर घर में होते, अर्जुन और मैं एक दूसरे से मुश्किल से ही कुछ कह पाते। हमें कहने की ज़रूरत भी नहीं थी, हम नज़रों और हरकतों के ज़रिए ही चुपचाप एक दूसरे से बातें कर लेते। हर रोज़ अर्जुन मेरे लिए आंगन के सामने की सीढ़ियों पर एक खूबसूरत फूल छोड़ जाता। उसका दिल बहुत रहम वाला और खूबसूरत था।

मुझे याद है कि एक बार कबीर और मैं आंगन में बैठे हुए थे। वो एक पत्रिका पढ़ रहे थे और मैं वाइन पी रही थी। अर्जुन सहन में काम कर रहा था और हमसे ज़्यादा दूर नहीं था।

उसकी देह धूप में सोने की नन्हीं पत्तियों की तरह चमक रही थी। वाइन से मुझ पर आलस छा गई थी और अर्जुन की भड़कदार, पसीने में डूबी देह को देख कर मैं उत्तेजित होने से बच नहीं सकी थी।

मैं देख सकती थी कि अर्जुन काम करते हुए छुप छुप कर मुझे

देख रहा था। कबीर का चेहरा पत्रिका के पीछे था और मैंने उसके साथ खतरनाक ढंग से फ्लर्ट करना शुरू कर दिया। अपनी स्कर्ट को अपनी जांघों के ऊपर खींचते हुए मैंने अपनी टांगों को तितली के पंखों की तरह हौले हौले खोलना-बंद करना शुरू कर दिया। मैं यों ही अपनी उंगली से अपने सीने पर ले गई और अपनी ब्लाउज़ को इतना खोल दिया कि अर्जुन को मेरी छातियों के बीच की दरार की एक हल्की सी झलक मिल सके।

इस बात के डर से हमारा रोमांच और भी भड़क गया था, कि कबीर हमें फ्लर्ट करते हुए पकड़ लेंगे। हमने अगले कुछ हफ्तों तक ये खतरनाक खेल खेलते रहे। पकड़े जाने की संभावना को बचकाने तरीके से नज़रअंदाज़ करते हुए, हमने हदों को थोड़ा-थोड़ा पार करना शुरू किया। जैसे जैसे जोखिम बढ़ता है, यह और भी सेक्सी होता गया।

एक दिन कबीर बैंक जाने के लिए निकले। उनकी कार के रवाना होते ही मैं बाहर निकली और मैंने अर्जुन से कहा कि मेरे बाथरूम के शावर में कोई दिक्कत थी। वो मुस्कुराया और बोला कि थोड़ी देर में आ जाएगा।

अर्जुन ने बाथरूम का दरवाज़ा खोला और भाप का एक बादल उससे आ टकराया। अपने बालों को ऊपर समेटे मैं सिंक में टेक

लगाए हुए थी और मैंने साटिन का एक छोटे से बाथरोब को ढीले-ढाले तरीके से बांध रखा था।

'मुझे तो यहां हर चीज़ ठीक से काम करती दिखाई दे रही हैं,' उसने मेरे सीने पर अपनी उंगलियां फिराते हुए कहा।

'शायद तुम्हें अपना औजार निकाल कर हर चीज़ को ठोक बजा कर देख लेना चाहिए,' मैंने फुसफुसा कर जवाब दिया।

अर्जुन मेरी ओर बढ़ा, उसने अपनी शर्ट उतार कर फर्श पर फेंक दिया। हड़बड़ी में हम एक दूसरे को चूमने लगे और हमारी देह एक दूसरे से चिपक गई। कबीर किसी भी पल लौट सकते थे। अर्जुन ने मेरी कमर पकड़ी और मुझे उठा कर काउंटर पर रख दिया। मेरी टांगें उसकी कमर से लिपटी हुई थीं। फिर उसने अपनी पैंट के बटन खोले, उन्हें पहने हुए ही उसने अपनी तनी हुई मर्दानगी को निकाल लिया। जब वो मुझमें घुसा, उसकी गर्दन के पीछे मेरे नाखुन धंसते जा रहे थे।

उसकी पसीने में डूबी हुई देह ने जब मेरी देह को धक्के देने शुरू किए तो हमारे पीछे का शीशा खड़खड़ाने लगा। उसकी लय ने तेज़ी पकड़ी और हमारी देहों पर जल्दी ही जुनून सवार हो गया। जब उसने आखिर के तीन धक्के दिए, मेरे मुंह से एक गहरी कराह निकल गई। उसी पल, हमने बाहरी दरवाज़े का ताला खुलते हुए

सुना। अर्जुन ने मुझे चूमा, अपनी शर्ट उठाई और सहन की तरफ भाग निकला। हम उस पल पकड़े जाने के सबसे करीब थे, लेकिन तब भी डर का नामोनिशान तक न था।

एक दोपहर जब कबीर अपनी स्टडी में एक क्रिकेट मैच देख रहे थे, मैंने एक मर्तबान (जार) खोलने में मदद करने के लिए अर्जुन को किचन में बुलाया। आते ही मैंने उसे पकड़ा और जोश में उसे चूमने लगी। उसने मेरी छातियां दबोच लीं और मेरी गर्दन पर चूमने लगा। ज्यों ज्यों मेरे हाथ उसकी देह पर फिर रहे थे, मैं उसकी मर्दानगी को तनते हुए महसूस कर रही थी।

मैं उसे अपने बेडरूम में घसीट ले गई और हम एक दूसरे के साथ खेल खेलने लगे थे। कबीर हमारे कमरे में सिर्फ रात में ही आते थे इसलिए मैं जानती थी कि हम वहां सुरक्षित थे। हमारे हाथ और होंठ एक दूसरे पर फिर रहे थे।

सबकुछ ठीक चल रहा था कि कबीर ने लंच करने का फैसला किया। वो घर भर में मुझे खोजते हुए आखिर में हमारे कमरे में आ पहुंचे और उन्होंने हमें एक दूसरे के साथ देख लिया – मेरी टांगें अर्जुन की कमर से लिपटी हुई थीं और उसके हाथ मेरी ब्लाउज़ में थे।

कबीर ने अर्जुन को खींच कर मुझसे अलग किया और उस पर

बिगड़ने लगे थे। अब तक गुस्सा चुके अर्जुन ने कबीर हमला कर दिया और उन्हें दीवार से दे मारा। मैंने उसे टेबल पर से मेटल से बनी एक कलाकृति उठाते हुए और अपने सिर के ऊपर ले जाते हुए देखा। वो कबीर पर हमला करने को तैयार था। उसको रोकने के लिए मैं चिल्ला उठी।

फर्श पर पड़े दर्द में डूबे कबीर ने उससे घर से चले जाने को कहा। 'अगर तुम फिर कभी दिखे तो तुम्हारी जान ले लूंगा,' उन्होंने टूटी हुई आवाज़ में कहा।

अर्जुन ने सिर उठा कर देखा और मुझे हिस्टीरिया में फर्श पर पड़े रोते हुए पाया। मेरे काजल की काली लकीरें मेरे गालों पर से होकर गिर रही थीं। मेरे हाथों को अपने हाथों में लेते हुए उसने पूछा किया क्या मैं ठीक थी। मेरे मुंह से बोल नहीं फूट पा रहे थे, जैसे तैसे मैंने उसको चले जाने को कहा।

'आप यहां इस आदमी के साथ नहीं रह सकतीं। मैं आपके बगैर नहीं जाने वाला,' अर्जुन ने मुझे अपने साथ ले जाने के लिए खींचने की कोशिश करते हुए चिल्ला कर कहा।

मैंने विरोध किया, उससे चले जाने की याचना की। 'प्लीज़, अर्जुन, तुम हालात को और बिगाड़ रहे हो। मैं ठीक हो जाऊंगी, बस तुम्हें अब जाना होगा।'

जब अर्जुन वहीं खड़ा मुझे घूर रहा था, कबीर उसको भद्दी भद्दी गालियां दे रहे थे। उसकी आंखों में आंसू भरे थे। मैंने आंसुंओं से तर ब तर अपना चेहरा उठाया और उससे एक बार फिर भीख मांगी, 'प्लीज़, चले जाओ।।।'

उसने अपने हाथों में मेरा हाथ लिया, अपने मुंह तक ले गया और हौले से चूमा। जब वो जा रहा था, मैं अपने दिल के टुकड़े टुकड़े होते हुए महसूस कर रही थी।

अगले कुछ महीने बेरहम थे। कबीर गुस्से से भरे हुए थे और मेरा दिल उस पर दुखी था जो कुछ मैंने खो दिया था। लेकिन आखिरकार हमारे घर में चीज़ें ढर्रे पर आ गईं। मैं तन्हा, खोए हुए एक फूल की तरह फिर से भटकने लगी थी। मैं अपने पति के खजाने का एक नगीना भर थी, जिसे वो सहेज कर रखते थे लेकिन कभी उसको प्यार नहीं कर पाए।

एक दिन मैंने दरवाज़े पर दस्तक सुनी। जब मैंने खोला तो वहां कोई नहीं था। मैंने आसपास देखा और मुझे कोई दिखाई नहीं दिया। जब मैं दरवाज़ा बंद करने वाली थी, मैंने नीचे की ओर देखा और मुझे एक अकेला, सफेद फूल ज़मीन पर पड़ा दिखाई दिया। यह वही फूल था, जो अर्जुन उन दिनों हर रोज़ मेरे लिए लाया करता था।

चांद

दीया अपना पूरा दिन अपनी मां की छोटी सी सिलाई की दुकान में काम करते हुए बिताती। उसके जिम्मे काम का बंदोबस्त करना, पैसे लेना और ग्राहकों से निबटना था।

दिन खत्म होने का नाम ही नहीं लेते और थका देने वाले थे। रोज़-रोज़ एक ही जैसा काम दीया को पागल बना रहा था और वो अपनी ज़िंदगी में थोड़ी सी मस्ती के लिए तरसती रहती। वो अकेलापन और बेचैनी महसूस करती। कुछ साल पहले उसका एक ब्वायफ्रेंड हुआ करता था जिसने उसके साथ बहुत बुरा सलूक किया था। उनकी शादी तय हो गई थी लेकिन सभी सब गड़बड़ हो गया। न सिर्फ उसने उसकी देह को ही चोट पहुंचाई थी बल्कि उसने उसके दिल को भी दर्द दिया था। जख्मों से वो सुन्न हो गई थी। तबसे दीया किसी भी मर्द पर भरोसा नहीं कर पाती थी। अगर कोई उसमें दिलचस्पी दिखाता तो वो उससे दूर भाग जाती। लेकिन मन ही मन वो प्यार के लिए तरसती रहती।

रातों को वो अपनी खिड़की से बाहर निगाह करती और चांद को देखती रहती। जब वो एक नन्हीं सी बच्ची हुआ करती थी, उसकी मां ने बताया था कि चांद में खास ताकत होती है और वो ज़रूरतमंदों की चाहतें पूरी करता था। अब, अपना दिल उसके हवाले कर सके, किसी ऐसे शख्स को को तलाशती हुई दीया चांद

से दुआ करने लगी थी।

हर रात वो एक ही दुआ करती।

प्यारे चांद

मैं तुम्हें देखती हुई यहां खड़ी हूं, और जानना चाहती हूं कि क्या तुम मेरी दुआ कबूल करोगे। मैं पैसे या शोहरत या कामयाबी नहीं चाहती। बल्कि मैं अपनी ज़िंदगी में एक आदमी चाहती हूं।

कोई भी एक आदमी नहीं, बल्कि एक ऐसा आदमी जो मेरे लिए भला हो। जिसका छूना सबसे सर्द रातों में मुझे गरमाहट दे सके। कोई ऐसा, जिसकी मुस्कान धूप जितनी चमकदार हो और जो मुझे सबसे बुरे वक्त में भी हंसा सके।

एक दिन एक ग्राहक नए कपड़ों का एक बंडल लिए हुए दुकान में आया। जब दीया ने उसकी ओर निगाह उठाई, उसके भीतर एक चिन्गारी जैसी जल उठी। वो समझ नहीं पाई कि वो एक ऐसे आदमी पर कैसे फिदा हो गई जिसे बस अभी अभी ही उसने देखा है। उसकी आंखों में ऐसा कुछ था, जो उसे सुकून दे रहा था मानो वो उसे सारी ज़िंदगी जानती आई थी।

उसने कपड़े टेबल पर रखे और बोला कि उसे जल्दी में, सुबह

तक ये कपड़े मरम्मत (आल्टर) करके चाहिए। वो अपने कज़िन की शादी में दिल्ली जा रहा था और उसे किसी ऐसे की तलाश थी, जो उसकी मदद कर सके। अगर वो उस बड़े पारिवारिक मौके पर इन बेढंगे कपड़ों में वहां चला गया तो उसकी मां उसे माफ नहीं करेंगी और अगर काम वक्त पर हो गया तो वो दोगुने पैसे देगा। उसने दीया को देखते हुए एक प्यारी सी, नन्हें बच्चों वाली मुस्कान दी और मदद की गुज़ारिश की।

दीया को उसके शब्दों ने छू लिया। साफ तौर पर वो लोकल कॉलेज स्टूडेंट्स में से एक था, जिनकी ज़िंदगी में कभी कोई औरत नहीं रही जो उनकी चीज़ों का बंदोबस्त कर सके। उसने उसको कुछ देर रुकने को कहा और भागी हुई दुकान के पिछले हिस्से में गई ताकि अपनी मां से पूछ सके कि क्या वे उसकी मदद कर सकते हैं।

कुछ मिनटों के बाद दीया बुझे हुए चेहरे के साथ वापस लौटी। बदकिस्मती से, दुकान को ढेर सारा काम करके देना था और उसका काम किसी भी हालत में अगले हफ्ते से पहले पूरा करना नामुमकिन था।

नौजवान की आंखें भर आईं, मानो वो बस रो पड़ने वाला हो। उसने कोशिश करने के लिए दीया को शुक्रिया कहा, अपने कपड़े

उठाए और दरवाज़े की ओर बढ़ गया। दीया को अजीब महसूस हुआ। इस नौजवान में ऐसा कुछ था जो दीया को छू रहा था। वो जा रहा था, वो उसे रोकने के लिए चिल्लाई। 'मैं इसे खुद कर दूंगी,' उसने कहा। 'मैं दुनिया की सबसे अच्छी दर्ज़ी नहीं हूं लेकिन मैं अच्छा काम कर लेती हूं। कपड़े लेने सवेरे आ जाना।'

वो आदमी कृतज्ञता से भर उठा। उसने उसके छोटे से हाथ अपने हाथों में लिए और उन्हें अपने होंठों तक लाया, और हौले से चूम लिया। उसने अपना परिचय समर के रूप में दिया और उससे उसका नाम पूछा। उसमें ऐसा कुछ था, जिससे दीया का दिल कुलांचे मारने लगा। उसकी स्किन पर उसके होंठों की छुअन एक ऐसी बात थी, जिसे दीया ने कभी महसूस नहीं किया था।

उसने समर को बताया कि वो मरम्मत का काम दुकान बंद होने से पहले शुरू नहीं कर सकती और उसे देर शाम को आना पड़ेगा ताकि वो उसकी नाप ले सके। समर ने दुकान से जाते हुए उसे एक और बार शुक्रिया कहा।

शाम हुई और दीया की मां ने घर जाने के लिए सामान समेटना शुरू किया। आम तौर पर दुकान बंद करने में मदद करनेवाली दीया अपने कोने में बैठी रही। उसने मां को बताया कि वो कुछ ड्रेस पैटर्न बनाना चाहती है और उसने पूछा कि क्या वो देर तक

दुकान पर रुक कर काम कर सकती है।

दुकान बंद होने और मां के जाने के थोड़ी ही देर बाद, दीया ने दरवाज़े पर एक दस्तक सुनी। दस्तक के ठीक बाद एक आदमी फुसफुसाते हुए कह रहा था, 'मैं हूं, समर।'

समर को ले आने के लिए दरवाज़े तक जाती हुई दीया एक आईने से होकर गुज़री और अपने बाल ठीक करने और ब्लाउज़ को सही करने के लिए रुक गई। इसकी फिक्र किए उसे अरसा हो गया था, कि वो कैसी दिखती है और यह सोच कर उसके गालों पर लाली छा गई। अपनी घबराहट की अनदेखी करते हुए उसने चौड़ी सी मुस्कान के साथ उसका स्वागत किया और उसे अपने पीछे फिटिंग एरिया में आने को कहा, ताकि वो उसकी माप ले सके।

पहली बार दीया कोई मरम्मत का काम कर रही थी और टेप से माप लेते हुए घबराई हुई थी। उसे यह बात पता थी कि वो कितने खतरनाक ढंग से उसके करीब था जब उसकी नाप लेते हुए उसकी देह उससे रगड़ गई थी। समर की तरफ खिंचाव उसे उग्र और कुछ ज़्यादा ही उत्तेजित कर रहा था।

किस्मत से, नाप लेने में ज़्यादा वक्त नहीं लगा। जब वो नाप ले चुकी, दीया अपने को संयत करने में कामयाब रही और समर

से कहा कि अब वो जा सकता है और सवेरे आ जाए।

समर ने कहा कि वो उसे यहां सारी रात अकेले बैठने के लिए छोड़ कर नहीं जा सकता है, खास तौर से ऐसे में जब वो उसके लिए फेवर कर रही है। उसने बैग से दो कोल्ड ड्रिंक निकाले और उससे बोला कि अब वो सारी रात के लिए उसके साथ अटक गई है। दीया उसे जाने के लिए ज़ोर नहीं दे सकी; ऐसा नहीं है कि उसने कोई बहुत कोशिश ही की। वो रात उसकी ज़िंदगी की सबसे मस्ती वाली रात होने जा रही थी।

जब उसने सिलाई शुरू की, उन दोनों ने एक दूसरे से उनकी ज़िंदगियों के बारे में पूछना शुरू किया। समर इस बात को लेकर उत्सुक था कि क्यों दीया जैसी एक खूबसूरत लड़की सिलाई की इस छोटी सी दुकान में फंसी हुई थी।

ज़िंदगी की इन बारीक बातों में जाने से संकोच में पड़ी दीया ने उसे बस इतना बताया कि ज़िंदगी और प्यार कभी भी उसके पक्ष में नहीं रहे। अनेक उतार-चढ़ावों के बाद उसने यह सीख लिया था कि दुनिया दो तरह के लोगों से बनी हुई है: एक वो लोग जिनके सपने सच हो जाते हैं और दूसरे वो लोग जो दूसरों को उनके सपने सच करने में मदद करते हैं। उसने मज़ाक में कहा कि यह उन दोनों के किस्से जैसा ही था – वो काम कर रही थी ताकि समर जिस

शादी में जा रहा था वहां वो शानदार दिख सके।

समर ने उसे उत्सुकता के साथ देखा और पूछा कि क्या सचमुच वो ऐसा ही महसूस करती थी। वो इसे समझ नहीं पा रहा था कि उस जैसी खूबसूरत और रहमदिल लड़की का कैसे दुनिया के बारे में इतना दर्द भरा खयाल हो सकता है। उसने उससे कहा, 'ज़िंदगी का मतलब है जोखिम उठाना। तुम पुराने किसी दर्द को इसकी इजाज़त नहीं दे सकतीं कि वो तुम्हारे भविष्य का फैसला करे और सबसे बढ़ कर तुम्हें कभी भी प्यार में पड़ने से डरना नहीं चाहिए।'

दीया ने उसकी बातों पर कान नहीं दिया। वक्त बीतता रहा और दोनों ने अनेक कहानियां एक दूसरे को सुनाईं और हंसाया। आखिर में, दिव्या ने कपड़ों का काम खत्म किया और समर से कहा कि वो चेंजिंग एरिया में जाकर कपड़े ट्राई कर ले।

जब वो फिटिंग रूम से बाहर आया, दीया का मुंह खुला का खुला रह गया। वो कभी भी उस मर्द से खूबसूरत किसी मर्द से नहीं मिली थी, जो अपने सामने खड़ा था। वो किसी परी कथा का शहज़ादा लग रहा था। समर खुश था। उसने आईने में खुद को देखा और दीया से कहा कि उसने गज़ब का काम किया था। वो फिर से ड्रेसिंग रूम में गया और सावधानी से कपड़े उतारने लगा।

थकी हुई दीया फर्श पर रखे सामान के ढेर पर लुढ़क गई।

उसके हाथ दुख रहे थे और उसकी गर्दन और पीठ दर्द कर रहे थे। वो थोड़ा तनाव कम करने के लिए अपने सिर को गोल गोल घुमाने लगी। समर उसकी बगल में बैठ गया और उसने अपने हाथ उसके कंधों पर रख दिए।

'पता है, लोग बताते हैं कि मेरे हाथों में जादू है और शायद मैं पिछले जन्म में मालिश करने के पेशे में रहा होऊंगा,' समर ने मज़ाक किया।

दीया खिलखिलाई और बोली, ' ।। तो इसके बाद मेरे पांव।'

समर की छुअन में सचमुच जादू था। उसकी उंगलियों के दीया के स्किन को छूते ही दीया को एक ऐसी सनसनी बहा ले गई, जो उसने कभी महसूस नहीं की थी। वो अपनी गर्दन पर उसकी सांसों की गर्माहट को महसूस कर सकती थी, वो उससे महज कुछ इंच ही दूर बैठा था, हौले-हौले से उसकी गर्दन और कंधों को दबा रहा था। उसकी छुअन ने उसे बड़ा सुकून और आराम दिया था, और दर्द तो फौरन ही दफा हो गया था।

उसकी मुलायम स्किन समर की उंगलियों को रेशम जैसी महसूस हो रही थी। दीया के बालों की खुशबू फूलों की क्यारियों जैसी थी। उनमें एक नशा था – वो उनसे उबर नहीं सका।

उसने दीया की गर्दन चूम ली, अचानक। यह उम्मीद से इतना

परे था कि वो बस कूद पड़ी और हैरानी भरी नज़र से उसे देखने लगी।

शर्मिंदगी महसूस करते हुए, समर ने उससे कहा, 'आ'म वेरी सॉरी। पता नहीं मुझे क्या हो गया। मुझे अचानक तुम्हें चूमने की चाहत जगी और मैं खुद को रोक नहीं पाया। प्लीज़, मुझे माफ कर दो।'

'सचमुच, कोई बात नहीं। बस तुमने मुझे चौंका दिया। ईमानदारी से कहूं, मैं उम्मीद कर रही थी कि तुम मुझे चूमोगे,' दीया ने कहा। बोलते हुए वो लाल हो उठी। वो ऐसी बात किसी अजनबी से कैसे कह सकती थी? समर में ऐसा क्या था जो उसे सारे कायदों को तोड़ने को उकसा रहा था?

समर ने दीया के चेहरे को अपने हाथों में लिया और उसके होंठों को हौले से छू लिया। इस हरकत में ऐसा कुछ था, जिसने दीया के दिल के खालीपन को भर दिया था। उसने उसकी किस का जवाब देते हुए, उसकी कमर पर अपने हाथों को ले गई।

'मैं यकीन नहीं कर सकती। बेशुमार रातें मैंने चांद से गुज़ारिश करते हुए गुज़ारी हैं कि वो किसी ऐसे को मेरे पास भेज दे, जो मेरी रूह में ज़िंदगी को भर दे। मैं तुम्हारी दुआ मांगी थी,' उसने कहा। समर उस पर झुका और फुसफुसाया, 'मैंने भी तुम्हारी

ही दुआ की थी।'

वो उसकी गर्दन को चूमने लगा था, फिर वो नीचे की तरफ बढ़ा। उसने उसका ब्लाउज़ खोल दिया और उसकी भरपूर छातियों को अपने मुंह में ले लिया। उसका स्वाद मीठे शहद जैसा था और उसका मन नहीं भर रहा था। जल्दबाज़ी में, उसने करीब करीब अपनी शर्ट ही फाड़ डाली थी। 'संभाल के,' चुंबनों के बीच में आह भरती हुई वो बोली, 'मुझे इसको भी सिलना पड़ेगा।'

दीया की देह में आनंद हिलोरें ले रहा था। समर का मुंह उसे एक रेशमी वजूद दे रहा था, मानो वो एक खूबसूरत साटिन की साड़ी हो, जैसी उसके ग्राहक दुकान पर लाया करते थे। उसने उसकी देह के गिर्द अपनी बांहें कस दीं और उसे जोश में भर कर चूमने लगी। उसने समर की कमर पर अपनी टांगें लपेट रखी थीं और वो अपनी स्किन पर समर की सख्त हो चुकी मर्दानगी को धड़कते हुए महसूस कर सकती थी। उसने अपनी देह का निचला हिस्सा धीमे-धीमे, गोल-गोल घुमाना शुरू किया, इस तरह वो उसे छेड़ने लगी जिससे वो दीया के भीतर दाखिल होने के लिए और भी बेचैन हो उठा।

उनके भीतर ज्यों-ज्यों जोश बढ़ता जा रहा था, उनकी देह पसीने में चमकने लगी थी। दीया ने समर को थोड़ा खिसकाया और उसे

पीठ के बल लिटा दिया और खुद उसके ऊपर हो गई। समर ने हाथ बढ़ा कर उसकी छातियों को अपने मज़बूत हाथों में पकड़ लिया, वो उन्हें सहलाने और दबाने लगा। दीया आनंद से ज़ोर-ज़ोर से कराहने लगी थी।

वे बहुत देर तक खुद को रोक नहीं सके। समर, दीया के भीतर दाखिल हुआ। दीया के उन भीतरी अंगों की कसावट ने समर की एक एक रग को जुनून से भर दिया। दीया ने अपनी देह को धीरे-धीरे एक लय पर घुमाना शुरू किया, जिसने उनकी देहों को उत्तेजना के शिखर पर पहुंचा दिया। परम आनंद के करीब आते हुए, समर ने दीया की कमर को पकड़ा और ज़ोर-ज़ोर से धक्के मारने लगा। पल पल चरम बिंदु के करीब पहुंच रही दीया कराहने लगी थी। समर के एक आखिरी धक्के के बाद, दोनों ने एक गहरी सांस छोड़ी और खुद को ढीला छोड़ दिया।

यह उन दोनों की सबसे जोश से भरी हुई रात थी, जो उन्होंने किसी के साथ भी गुज़ारी थी। पूरी रात वे कपड़ों के ढेर पर पड़े रहे, एक दूसरे को पकड़े हुए, अपने सपनों के बारे में बातें करते रहे।

अगली सुबह दीया जल्दी उठ गई। दुकान अगले कुछ घंटों में खुलने वाली थी और दीया की मां उसे देख ले, इसके पहले समर

को चले जाना था। उसे चौंका कर उठाने बचने की कोशिश करते हुए दीया अपने प्रेमी के कानों में फुसफुसाई। समर एक जम्हाई के साथ मुड़ा और अपनी मांसल बांह में दीया को समेट लिया। उसने अलसाई आवाज़ में उसे गुड मॉर्निंग कहा।

उसकी बांहों में सिमटते हुए दीया की देह में सनसनी दौड़ गई। वो सारा दिन उसकी बांहों में इसी तरह पड़े-पड़े गुज़ार सकती थी लेकिन वो जानती थी कि साथ गुज़ारी हुई वो रात खत्म होने वाली थी। उसने हकीकत की ज़मीन पर उतरने से पहले कुछ पल ऐसे ही गुज़ार लेने का फैसला किया।

दीया की देह से लग कर गर्म, नंगी देह में पड़े हुए समर ने दीया से पूछा कि क्या वो उसके साथ दिल्ली चलेगी। उसकी ट्रेन के खुलने में कुछ घंटे बाकी थे और उसने उसके सारे खर्चे उठाने का ऑफर रखा। वो जानता था कि यह पागलपन था लेकिन जब किस्मत दो लोगों को एक साथ ले आती है तो आप मुंह मोड़ कर दूर नहीं जा सकते।

दीया भावनाओं की अलग अलग धाराओं में बह चली।

'ये रात गज़ब की थी, लेकिन हर चीज़ बहुत परफेक्ट थी। इससे मुझे डर लग रहा है। डर लग रहा है क्योंकि पिछली बार जब मुझे इसका अहसास हुआ था, मर्दों ने इसे एक मौके के रूप

में देखा जिसमें वो मेरे इस डर से खेलते हुए मेरा शिकार कर सकें। मैं अब एक और मर्द को अपना फायदा उठाने नहीं दूंगी।।।' दीया की आंखों में आंसू भरने लगे थे।

समर नहीं जानता था कि क्या कहे; वो नहीं समझ सका कि साथ गुज़ारी जुनून में डूबी हुई रात यहां तक कैसे पहुंच गई, जो उससे इतनी जुदा है।

'दीया, मैं तुम्हारी ज़िंदगी के दूसरे मर्दों की तरह नहीं हूं। आ'म सॉरी कि तुम्हें ऐसे खौफनाक दौर से गुज़रना पड़ा है, लेकिन मैं उन इंसानों जैसा नहीं हूं।' उसने गुज़ारिश की।

आंसू दीया के चेहरे पर लुढ़क आए थे। 'अगर तुम उन दूसरे मर्दों की तरह नहीं हो तब भी मैं एक टूटा हुआ सामान हूं। तुम्हें मेरे जैसी लड़की की ज़रूरत नहीं है,' उसने कहा।

समर ने दीया को समझाने की कोशिश की कि ज़िंदगी उतनी उलझी हुई नहीं थी जैसी वो बता रही थी लेकिन उसने नहीं सुना। वो गुस्सा गई और बोली कि उसे फौरन जाना होगा।

दोनों ने चुपचाप कपड़े पहने और दुकान के अगले हिस्से में आ गए। समर ने कपड़ों के लिए काउंटर पर पैसे रख छोड़े। दरवाज़े की ओर बढ़ते हुए वो मुड़ा और दीया से बोला, 'प्यार को कबूल करने से इन्कार करके तुम अपने दिल को टूटने से नहीं बचा

सकतीं।।।जब मैंने तुमसे कहा था कि मैंने भी तुम्हारी दुआ मांगी थी तो मैं गंभीर था।'

समर चला गया और उसके पीछे दरवाज़ा बंद हुआ तो दीया रोती हुई फर्श पर गिर गई।

कुछ मिनटों के बाद दीया की मां ने दुकान का दरवाज़ा खोला और अपनी बेटी को फर्श पर सुबकते हुए देखा। वो दौड़ी हुई उसके पास गईं, उसे गले लगाया और पूछा कि क्या हुआ। दीया ने उन्हें सबकुछ बता दिया।

'मेरी प्यारी बेटी,' दीया की मां बोलीं। 'मुझे पता है कि तुम्हें पहले भी बुरी तरह दर्द पहुंचाया गया है, लेकिन इसका मतलब ये नहीं है कि हर कोई तुम्हें दर्द ही पहुंचाने वाला है। कभी कभी तुम्हें अपने दिल की सुननी होगी और जोखिम उठाना होगा। तुम अपनी ज़िंदगी की किताब के गुज़र चुके पन्नों को बदल नहीं सकतीं लेकिन तुम उन्हें तो बदल ही सकती हो, जो अभी लिखे नहीं गए हैं।।।'

'लेकिन मैंने उसके सामने इतनी बेवकूफी दिखाई। अब मुझे क्या करना चाहिए?' दीया ने पूछा।

'भागो। जाओ और तब तक नहीं रुकना जब तक तुम उसकी बांहों में न हो,' दीया की मां ने अपनी बेटी के चेहरे से आंसुओं

को पोंछते हुए कहा।

दीया ने अपनी मां को कसकर गले लगाया और दुकान से दौड़ पड़ी। वो इतनी तेज़ी से दौड़ी कि उसने पीछे मुड़ कर नहीं देखा और स्टेशन पर जाकर ही दम लिया। समर जब ट्रेन पर सवार हो रहा था, उसने किसी को अपना नाम पुकारते सुना। उसने भीड़ भरे स्टेशन पर निगाह दौड़ाई और उसने दीया को देखा।

दौड़ने से अपनी फूलती हुई सांस के बीच दिया बड़बड़ाते हुए बोल उठी, 'समर, मैं माफी चाहती हूं। मेरा वो मतलब नहीं था जो मैंने कहा था, मैं बस-'

समर ने उसे टोका, 'बस। रुक जाओ।'

दीया वहीं खड़ी हो गई, काठ की तरह। बहुत देर हो चुकी थी उसने उस चिन्गारी को बुझा दिया था जो उनके बीच रात में सुलग उठी थी।

उसने उसके सामने फिर गुज़ारिश शुरू की, लेकिन समर ने उसे फिर से रोक दिया। जब दीया ने निगाहें उठा कर उसकी बड़ी-बड़ी, भूरी आंखों में देखा, वो झुका और उसके चेहरे को थपथपाया।

'मेरा दिल तुम्हारा है,' उसने कहा और उसे ट्रेन पर सवार होने में मदद करने के लिए हाथ बढ़ा दिए।

शादी खूबसूरत थी और रिसेप्शन तो शानदार था। वो आखिर रात थी, जब दीया ने चांद से बातें की थीं।।।

प्यारे चांद

मैं लफ़्ज़ों में बयान नहीं कर सकती कि मैं तुम्हारी कितनी शुक्रगुज़ार हूं। मेरे दिल को कुतरने वाला खालीपन जा चुका है।

जब तक मेरे आसमान में सितारे हैं और तुम्हारी चांदनी रात के अंधेरे में चमकती है, मैं हमेशा तुम्हारी शुक्रगुज़ार रहूंगी कि तुमने मेरी फरियाद सुनी और मेरी रूह का आधा हिस्सा मुझे भेज दिया।

अलविदा

मैं यह कहते हुए शुरू करना चाहूंगी कि मैं तुम सबको मिस करती हूं। बिना अलविदा कहे चले जाना मेरी ज़िंदगी की सबसे मुश्किल बातों में से एक था। लेकिन जब भी मैं तुम्हें देखती, तुम्हारे चेहरों पर उदासी को देखना मेरे लिए चीज़ों को मुश्किल बना रहा था। मैं जानती थी कि अगर मैं आखिर तक रुक गई, तो मेरे बारे में तुम्हारी आखिरी यादें एक खुशनुमा इंसान की नहीं होंगीं जैसा होकर मुझे कितना गर्व होता था। बल्कि एक जर्जर, मरती हुई औरत की यादें होतीं जिस पर तुम तरस खाते...

अगर तुम्हें इस कहानी से कोई सबक हासिल करना हो तो वो यह होना चाहिए: ज़िंदगी हर अनुमान से परे है। किसी भी इंसान या चीज़ की अनदेखी न करें और इसे यकीन बनाएं कि जितने दिन आप इस खूबसूरत धरती पर हैं उसके भरपूर मज़े उठाए जा सके।

माया

जब मुझे पता चला कि मुझे जानलेवा कैंसर है तो मैं करीब एक हफ्ते तक रोती रही। एक बार आंसू सूखने के बाद मैंने महसूस किया कि मेरे पास जितना वक्त बचा था, मुझे उसमें कुछ करने की ज़रूरत थी। डॉक्टर ने कहा कि मेरे पास जीने के लिए सिर्फ

छह महीने थे। मैं जानती थी कि मैं अपने अपार्टमेंट में या किसी अस्पताल के बिस्तर पर नहीं मरना चाहती थी। मैं अपने परिवार वालों और दोस्तों को बिस्तर पर बेचारगी में पड़ी हुई अपनी बीमार देह के ऊपर झुके हुए देखने का खयाल भी बर्दाश्त नहीं कर सकती थी, जिसमें मैं अलविदा कहते हुए उनके उदास चेहरों को देखने को मजबूर होती।

मैंने किसी को बिना कुछ बताए चले जाने का फैसला किया। यह मुश्किल था, लेकिन मैं जानती थी कि अगर लोगों को पता चल गया कि मैं जा रही थी तो वे परेशान हो जाएंगे और वो मुझे बात करके मनाने की कोशिश करेंगे। वो यह नहीं समझेंगे कि मरना एक ऐसी बात थी, जिसे मुझे अपनी शर्तों पर करना था।

मेरे पास जो कुछ भी था, मैंने बेच डाला, अपना बचत खाता खाली कर दिया और सिर्फ एक बैकपैक लेकर शहर से बाहर जानेवाली एक ट्रेन पर सवार हो गई। मैं कई दिनों तक सफर करती रही, बस खिड़की से बाहर देखते हुए शहरों के उस पार, दुनिया की उस भुला दी गई खूबसूरती को पीती रही। फिर ट्रेन एक स्टेशन पर रुकी जो देखने से एक छोटा सा गांव लग रहा था।

प्लेटफॉर्म पर एक बोर्ड था जिस पर लिखा हुआ था कि इसकी आबादी सिर्फ सौ लोगों की थी। यह एक खेतिहर गांव था – एक

ऐसी बसाहट जो पास के बड़े शहरों में बेचने के लिए सब्ज़ियां उगाती थी। कोई बैंक नहीं था, कोई सिनेमाघर नहीं, कोई रेस्टोरेंट भी नहीं।

यह एक परफेक्ट जगह थी – ठीक वैसी जगह जहां मैं अपने आखिरी दिन गुज़ारना चाहती थी। मैंने एक खूबसूरत बागीचा बनाने का सपना देखा था, जहां मेरी देह सुकून से दफ्न हो सके। मुझे पता था कि मुझे वो जगह यहां मिल जाएगी। मैं गांव में दाखिल हुई। मैं जिससे भी मिली, वो हैरान था – वो अजनबियों को देखने के आदी नहीं थे। लेकिन उनका व्यवहार दोस्ताना था। मुझे एक औरत मिली जिसने बताया कि उसके पिता की हाल ही में मौत हुई है और उन्होंने अपने पीछे एक फार्म छोड़ा है जो एक मील दूर पहाड़ियों पर है। जगह उपेक्षित सी थी और उसे देखरेख की ज़रूरत थी और उसने एक वाजिब कीमत पर मुझे वहां रहने देने का प्रस्ताव रखा।

उस ज़मीन का बंदोबस्त करने में मुझे कुछ हफ्ते लगे। वह जगह धूल और मकड़ियों के जाले से भरी हुई थी, और बिखरी-बिखरी सी थी। एक बार सबकुछ सहेज लेने के बाद मैंने बागीचे पर काम करना शुरू किया। यह एक थका देने वाला काम था लेकिन यह मेरे दिलोदिमाग पर हावी था और इसने मुझे व्यस्त

रखा। मेरे नाखुनों में धूल भर गई और मेरे हाथ लगातार खुदाई करते-करते दुख गए। मैं दुआ कर रही थी कि मुझे वक्त रहते इस बागीचे को पूरा कर लेने की ताकत मिले। एक दिन काम करते हुए मैंने एक आदमी को भीतर आते देखा। वो खूबसूरत था और थोड़ा रूखा भी। शायद वो बीस पार चुका था। उसने बताया कि उसका नाम जय और वो काम की तलाश में था। मैंने उसे बताया कि मुझे उसका प्रस्ताव अच्छा लगा लेकिन मैं किसी को काम पर रखने की हैसियत में नहीं थी। जय ने कहा कि उसके पास जाने के लिए कोई जगह नहीं थी और वो बेकरार था। उसकी फरियाद करती आवाज़ में ऐसा कुछ था, जिसने मुझे छू लिया जिसने मुझे उस अहसास की याद दिला दी जो मुझे पहली बार अपने बारे में खबर सुन कर हुआ था। आमतौर पर मैं अजनबियों पर भरोसा नहीं करती लेकिन मेरे मन ने मुझे बताया कि जय अलग था। मैंने उसे बताया कि मैं बस इतना ही कर सकती थी कि बागीचे में मेरी मदद करने के बदले में उसको रहने के लिए जगह और तख्त दे दूं। मैंने उसे चेतावनी दी कि यह कोई छोटा सा सब्ज़ियों का बागीचा नहीं था बल्कि यह एक बहुत बड़ी परियोजना थी।

उसने बेताबी से मेरा शुक्रिया अदा किया और कहा कि वो दिल से शुक्रगुज़ार था। जब वो भीतर आया, मैंने शराब की गंध

महसूस की, जो उसके पोर-पोर से रिस रही थी। मैंने उसे बताया कि इस घर में शराब के लिए जगह नहीं थी और इस पर पाबंदी थी। एंबैरेस्ड होते हुए उसने बस अपना सिर हिला दिया और बोला कि वो समझ गया। उसने मुझे ये भी बताया कि उस बस एक मौके की तलाश थी और वो इसके लिए शुक्रगुज़ार था।

अगले दिन हम बाग वाले इलाके में गए। मैंने उसे योजनाएं दिखाईं। बागीचा चौकोर होना था, जिसे चारों ओर से फूलों की लताओं और झाड़ियों की ऊंची-ऊंची दीवारों से घिरा होना था। दीवारों के भीतर फूलों से भरा हुआ एक बाग होगा, जिसकी क्यारियों के बीच पत्थर लगे हुए रास्ते बाग के केंद्र तक जाने थे। यहां ठीक बीच में घास लगी हुई एक बड़ी, खाली, चौकोर जगह होगी जो छोटे फूलों से घिरी होगी।

जय और मैं लगातार इसको लेकर बकझक करते कि बागीचे की डिज़ाइन कितनी बारीक थी। वो इसे नहीं समझ पाता कि इसे इतना उलझन भरा क्यों होना चाहिए। कुछेक बारीकियां उसकी नज़रों में वक्त और पैसे की बर्बादी थीं। मुझे यकीन था कि अगर मैंने उसे सच बता दिया तो वो मेरी बात आसानी से मान लेगा, लेकिन सच कहूं तो मुझे बकझक में मज़ा आ रहा था। मुझे उसको चिढ़ाना प्यारा लगता था और मैं बता सकती थी कि उसे भी मुझे

चिढ़ाना पसंद था। ये ऐसा था मानो हम एक खेल खेल रहे हों कि कौन दूसरे को सबसे ज़्यादा तंग कर सकता था। जैसे जैसे हफ्ते गुज़रे, हमने एक एक बड़ी अच्छी साझीदारी बना ली, साथ साथ देर तक बागीचे में काम करते रहते। जय ने अपना वादा पूरा किया, उसने शराब की एक बूंद तक को नहीं छुआ, जो बहुत मुश्किल रहा होगा। मुझे अब इसको लेकर अपराधबोध सताने लगा कि मैंने उसे नहीं बताया था कि मैं मरने वाली थी। अब वो कोई ऐसा इंसान नहीं रह गया था जो बस मेरे लिए काम भर करता था। वो एक साथी बन गया था, एक ऐसा इंसान जिसपर मैं सचमुच भरोसा करती थी। ऐसे वक्त आए जब मैं उसे बस बताने की कगार पर थी, लेकिन मैं साहस नहीं जुटा सकी। इसके बाद उसका मुझे तरस खाती निगाहों और उदासी के साथ देखने का खयाल बर्दाश्त से बाहर था, यह ठीक वैसा ही होता जैसा घर पर मेरे दोस्तों और परिवार वालों ने किया था।

जय के साथ बिताया गया समय सपनीला था। वो मेरी ज़िंदगी में ठीक ऐसे वक्त आया था, जब मुझे एक साथी की ज़रूरत थी। हमने एक दूसरे के साथ खूब सारा समय बस हंसते और कहानियां सुनाते हुए बिताया। वो मुझे गंदे चुटकुले सुनाना पसंद करता क्योंकि उनसे हमेशा मैं शर्म से लाल पड़ जाती। जय के लिए मुझे

एंबैरेस्ड देखना मज़ेदार था। जब मैं उसके साथ होती, मैं भूल जाती कि मैं मर रही हूं। एक रात डिनर के बाद हम पोर्च में पड़े थे और तारों को देख रहे थे। हमने किशोर जीवन में देखे गए सपनों के बारे में बातें शुरू कीं और यह बताने लगे कि अब वे कितने बेवकूफी भरे लग रहे थे। एक मौके पर जय ने मेरी तरफ सिर घुमाया और बोला कि यह कितना शानदार होगा अगर हम अपनी बाकी की ज़िंदगियां साथ-साथ इस फार्म पर बिताएं। वो कल्पना कर रहा था कि हमारे बच्चे होंगे और हम उनके पीछे-पीछे भागा करेंगे। हम शायद एकाध कुत्ते भी पाल लेते।

मैंने वाइन की एक घूंट भरी और आंसुओं को रोकने की कोशिश करने लगी। जय ने देख लिया कि मैं परेशान हूं। उसने पूछा कि क्या दिक्कत है लेकिन मैं उसे बता नहीं सकी। मैं फौरन उठ खड़ी हुई और घर की ओर दौड़ पड़ी। वो मेरे पीछे-पीछे बेडरूम में आया और मुझसे बताने की गुज़ारिश करता रहा कि उसकी किस बात पर मैं भाग कर चली आई थी। मैंने उसे पीछे धकेल दिया और जोर से उसे चले जाने को कहा।

वो मेरे सामने उलझन में और चिंतित दिखता खड़ा रहा; उसने मुझे इसके पहले कभी परेशान नहीं देखा था। मुझमें इतनी सारी भावनाओं का तूफान उठ खड़ा हुआ था – डर, गुस्सा, दर्द,

उदासी। मुझे लगा कि मैं बिखर जाने की कगार पर थी।

जय ने मेरी कलाइयां पकड़ीं और मुझे अपनी ओर खींचा, उसने मुझसे फिर से पूछा कि क्या बात थी। अब मुझमें इतनी ताकत नहीं बची थी कि मैं इसे उससे छुपा सकूं – मैं चिल्लाते हुए बोली कि मैं मर रही हूं।

हम वहां एक दूसरे को घूरते हुए खड़े रहे। आंसू बह बह कर हमारे चेहरों पर गिर रहे थे। ऐसा था मानो उस पल वक्त ठहर गया हो। मैंने उसे अपने अतीत के बारे में, डॉक्टर के फैसले के बारे में और इस बारे में बताया कि मैं क्यों भाग आई थी। मुझे जय और उसके साथ बच्चों और कुत्तों के साथ फार्म पर पूरी ज़िंदगी गुज़ारना कितना प्यारा लगता, लेकिन यह कभी मुमकिन नहीं था।

जय मेरे करीब आया और उसने अपनी हथेलियों में मेरे गालों को लेते हुए कहा कि इससे कोई फर्क नहीं पड़ता कि इस धरती पर मेरे कितने दिन बचे हैं, वो इनमें से हरेक दिन को प्यार करेगा। उसने वादा किया कि वो मुझे कभी भी छोड़ कर नहीं जाएगा और जब वक्त आएगा, वो मेरे ठीक बगल में खड़ा होगा।

भावनाओं में बहकर हमने एक दूसरे को पकड़ा और जुनून में एक दूसरे को चूमने लगे। मैं कई हफ्तों से उसके होंठों पर अपने होंठों को महसूस करना चाहती थी, लेकिन कभी भी यह सोचने

की हिम्मत नहीं जुटा पाई थी कि ऐसा मुमकिन होगा। उसने मुझे बिस्तर पर लिटा दिया और मुझसे पूछा कि क्या वो मुझे प्यार कर सकता है। मैंने उसके होंठों को चूमा और कहा – हां।

उसने मेरी शर्ट उतार ली और अपनी उंगलियों से मेरी देह को सहलाने लगा। किसी मर्द की गर्माहट भरी छुअन को महसूस किए अरसा हो गया था। मैंने उसकी शर्ट को उसके सिर की तरफ से खींच कर उतार दिया और अपने हाथों से उसकी देह की मज़बूती को तलाशने लगी।

उसके होंठों ने मेरी स्किन के हरेक इंच को चूमा। एक गुदगुदाती हुई सनसनी मेरी पूरी देह में दौड़ गई, जब उसकी नर्म उंगलियों ने मुझे सबसे आनंद पहुंचाने वाले अंगों को छुआ। जब वो मुझमें दाखिल हुआ, तो ऐसा लगा कि आखिर में दो रूहों ने एक दूसरे को पा लिया हो। हम पर चरम आनंद का एक अहसास छा गया और हम वहीं पड़े रहे, हौले हौले से एक दूसरे से प्यार करते हुए। रात की हवा के झोंके हमारा साथ दे रहे थे। हमने उस रात घंटों तक एक दूसरे को प्यार किया और तब भी हमारा मन नहीं भरा। मुझे अपनी स्किन पर उसकी स्किन का अहसास प्यारा लगा – मैं चाहती थी कि यह हमेशा-हमेशा बना रहे। हम एक दूसरे का हाथ थामे सो गए। मेरा सिर उसके सीने पर था और वो मेरे बालों

को सहला रहा था।

अगली सुबह, जय ने नाश्ता लिए हुए मुझे जगाया। हम अपनी ज़िंदगी और मेरे पुराने रिश्तों के बारे में बातें करते हुए वहां घंटों पड़े रहे। एक बात थी, जो मैं अब भी उससे छुपा रही थी। मैंने उसे बताया कि यह सिर्फ एक बागीचा नहीं बना रहे थे। इसको इतने सोच समझ कर, इतने बखूबी तरीके से बनाया जा रहा था तो इसकी एक वजह थी। यह बागीचा मेरी आखिरी आरामगाह होने वाला था।

मैंने जय से एक वादा लिया कि जब मेरे जाने का वक्त आएगा, तो वो मुझे बागीचे में ले जाएगा और मुझे वहां लिटा देगा ताकि मैं कुदरत से घिरी हुई, सुकून के साथ विदा हो सकूं। उसने वादा किया और बोला कि वो पूरे वक्त मेरे साथ रहेगा।

हमने अगले कुछ महीने प्यार के नशे में डूबे हुए गुज़ारे। हमारे पास साथ में जो भी वक्त बचा था, उसके हरेक पल का मज़ा लिया।

छह महीने गुज़र गए थे और अब वक्त बहुत मुश्किल भरा था। मेरी देह तेज़ी से कमज़ोर होती जा रही थी। जब मैं आईने में देखती, मैं उस जर्जर इंसान को मुश्किल से ही पहचान पाती जो आईने के उस पार से मुझे घूर रहा होता। अगर मुझे जय के लिए

जीना नहीं होता, तो मैं इतने वक्त नहीं जी पाती।

अब मैं बेहद कमज़ोर हो गई थी। जय अब अकेले बागीचे में काम करने को मजबूर था, हालांकि अब अनेक गांव वालों ने इस काम में रुचि दिखानी शुरू कर दी थी और काम में हाथ बंटाने लगे थे। मैं ज़्यादातर वक्त पोर्च में पड़ी रहती और जय और उसके दल को अपने सपने को पूरा करते देखती। मुझे लिखने की ज़रा भी ताकत नहीं बची थी।

कभी कभी मुझे किस्मत पर गुस्सा आता। लेकिन फिर मैं सोचती कि यह किस्मत ही थी जो जय को मेरे दरवाज़े तक लेकर आई थी और अपने जीवन के सबसे खुशहाल पल मुझे सौंपे थे।

[माया की आगे की कहानी जय की ज़ुबानी]

गुज़रने के पहले, वो मुझे यह खत दे गई और मुझसे उसकी कहानी को पूरा करने को कहा। यह उसके और घर पर उसके घरवालों और दोस्तों के लिए जानना ज़रूरी था कि वो इस कदर अचानक क्यों घर छोड़ कर चली गई और उसने जब आंखें मूंदीं तो वो अकेली नहीं थी।

मैंने कभी भी किसी के लिए कुछ नहीं किया। मैं लोगो का मोल सिर्फ इसी से लगाता रहा कि वो मेरे लिए क्या कर सकते हैं। छब्बीस साल की उम्र में इसने मुझे नशे में डूबा एक तन्हा इंसान

बना दिया। माया अकेली इंसान थी, जिसने मुझे इसका अहसास कराया कि मैं प्यार किए जाने के लायक था। मैंने उसे कभी नहीं बताया, लेकिन उस दिन मैं फार्म पर काम की तलाश में नहीं गया था। मैं खुदकुशी करने वाला था।

जेब में ज़हरीली गोलियां भरे हुए मैं एक तन्हा जगह खोज रहा था जहां कोई मुझे पा न सके। यह महज एक इत्तेफाक ही था कि मैं माया के फार्म में चला गया। अपनी बड़ी, भूरी आंखों वाली माया का तभी मुझ पर गैरमामूली असर पड़ गया, जब मैंने पहली बार उसको देखा। उसमें ऐसा कुछ था, जिसने मेरे मन को बदल दिया था और मैंने चीज़ों का अंत न करने का फैसला किया। यह वही जज़्बा था, जिसने मुझे पीना छोड़ने के लिए तैयार कर दिया। लेकिन इसको प्यार का नाम देने में काफी वक्त लगना था।

जैसे जैसे हमारा रिश्ता गहराता गया, माया की मुश्किलें बढ़ती गईं। उसकी भूख घटती गई और जब वो खाती, उसे हज़म करना मुश्किल हो जाता। उसकी देह तेज़ी से उतार पर थी। बात करने औऱ बिस्तर से उठने जैसी मामूली काम भी उसके लिए बेहद मुश्किल हो गए थे। एक सुबह माया ने मुझे बताया कि वक्त आ गया था और वो अब तैयार थी। मैंने उसे आराम करने को कहा और कुछ चीज़ें लाने के लिए गांव की ओर भागा। आते-जाते पूरे

रास्ते मैं रोता रहा, हालांकि मैंने इसका खयाल रखा कि उसे मेरे आंसू न दिखें।

मैंने उसे तैयार करना शुरू किया। मैंने एक खूबसूरत सफेद ड्रेस पहनने में उसकी मदद की, जिसे गांव में एक ने उसके लिए तैयार किया था। उसके बालों में मैंने एक मुकुटनुमा माला पहनाई जिसे मैंने बागीचे के अलग अलग फूलों को मिला कर तैयार किया था। वो आईने के सामने खड़ी हुई और मुस्कुराई। मेरा हाथ पकड़कर दबाते हुए, उसने फुसफुसा कर थैंक्यू कहा।

मैं माया को बाहर लेकर गया और हम एक दूसरे की बांहें थामे बागीचे में टहलते रहे। हवा में ताज़ा फूलों की महक थी। धूप आज सबसे ज़्यादा चमकदार थी। हमारे चारों तरफ तितलियां नाच रही थीं और पंछियों की पुकार पूरे फार्म में गूंज रही थी। ऐसा था मानो प्रकृति मां ने माया का स्वागत करने के लिए बांहें पसार ली हों। कदम दर कदम हमने साथ गुज़ारे अनेक खुशहाल पलों की यादों को एक दूसरे के साथ बांटा। हमने उन लंबी घड़ियों में साथ काम करते हुए काफी मज़े किए थे। किसी किसी दिन हमने काम करने के बजाए हंसते और खेलते समय गुज़ारा था लेकिन ऐसा कोई दिन नहीं गुज़रा था, जब माया ने उस बागीचे में अपने दिल और मन का कोई हिस्सा न छोड़ा हो।

मैंने दाखिले पर एक खूब सफेद पैनल रखे थे। कपड़े हवा के झोंकों के साथ खूबसूरती से लहरा रहे थे और उन्हें देख कर माया के दर्द से मुरझाए हुए चेहरे पर मुस्कान आ गई।

जब हम भीतर दाखिल हुए, मैंने अपनी महबूबा के लिए अपना आखिरी सरप्राइज़ पेश किया। पूरा गांव उसका इंतज़ार कर रहा था। हर कोई सफेद कपड़े पहने हुए था और अपने बालों और गले में फूल सजाए हुए था। जिस तरह हर कोई उसके लिए प्यार का इज़हार कर रहा था, उससे माया का गला भर आया। मैंने उसे इससे खुश कभी नहीं देखा था। वो जिधर भी निगाह करती, उसे जाने-पहचाने चेहरे मिलते जो उस पर मुस्कुरा रहे थे और चुंबन उछाल रहे थे। हर किसी ने अपना चुना हुआ एक फूल थाम रखा था।

बागीचे के बीच में मैंने एक कंबल बिछाया, जिसे गांव की एक औरत ने सिला था। मैंने माया को उस पर लेटने में मदद की और उसकी बगल में बैठ गया। वो कमज़ोर थी और चलने से थक गई थी। अपनी आखिरी ताकत बटोर कर उसने अपने चारों तरफ देखा और अपनी दुबली बांहें उठाईं और हर किसी को अपने साथ बैठने का इशारा किया। यह मानों एक सपने के सच होने जैसा था। माया मुझसे टेक लगा कर बैठ गई और मैंने उसकी नन्ही सी

देह को अपनी बांहों में समेट लिया। हम इसी तरह हर रात को बाहर बैठ कर सितारों को निहारा करते थे। हर कोई बैठ गया। वे हमारे आस पास की खूबसूरती को देख रहे थे। इसे एक गमगीन पल होना चाहिए था, लेकिन माया की रूह ने इसे नामुमकिन बना दिया था कि हम खुशी के अलावा और कुछ महसूस करें।

मेरी बांहों में पड़े हुए, माया ने मुझे देखा और फुसफुसाई कि उसका वक्त आ गया है। मैं रोने लगा। उसने हाथ बढ़ाए और मेरे गालों पर से आंसू पोंछ दिए और मुझे उदास नहीं होने को कहा। उसकी देह भले ही इस दुनिया को छोड़ रही हो, लेकिन उसकी रूह हमेशा इस बागीचे में रहने वाली थी।

मैंने उसे लेटने में मदद करते हुए उसे देखा तो हैरान रह गया। वो खूबसूरती से भरी हुई थी। मैंने उसे आखिरी बार चूमा ताकि वो अपने होंठों पर मेरे होंठों की गर्माहट भरी याद को जज़्ब कर सके। यह एक ऐसा अहसास था, जिसे मैं कभी भी भूलने वाला नहीं था।

गांववाले एक एक कर माया के पास आए और झुक कर उसे अलविदा कहा। जब वो जाने लगते, वे अपने हाथों में थामे उस एक फूल को माया पर रख देते। माया में बोलने की ताकत नहीं बची थी, लेकिन उसकी आंखों में आप देख सकते थे कि अपने

को लेकर दिखाया जा रहा प्यार का ये इज़हार उसे कितना अच्छा लग रहा था।

आखिर तक आते आते, माया की देह फूलों के समंदर में छुप गई थी। बस उसकी खूबसूरत आंखें दिख रही थीं। जब उसने आखिरी सांसें लीं, उसके चेहरे पर सबसे शांति के भाव थे।

माया की विदाई ने हरेक कोई इसका अहसास कराया कि ज़िंदगी कितनी अहम थी और हमें अपने चारों ओर की असली खूबसूरती के मज़े लेना चाहिए। माया के घर वाले और पड़ोसी माया के चारों ओर खड़े थे, एक दूसरे को गले लगाते हुए वे कह रहे थे कि वे एक दूसरे को कितना प्यार करते थे। हरेक की मुश्किलें और चिंताएं उस पल गायब हो गई थीं।

माया हमेशा मुझसे कहती थी कि यह किस्मत ही थी, जो मुझे उसके फार्म में लेकर आई थी ताकि मैं उसे बचा सकूं। उसके गुज़रने के बाद ही मैं यह समझ सका कि किस्मत मुझे उस फार्म तक लेकर आई थी, लेकिन वो मुझे इसलिए लाई थी ताकि माया मुझे बचा सके...

लेखिका परिचय

अभिनेत्री और मॉडल सनी लियोनी को एक प्रभावशाली महिला के रूप में जाना जाता है। वो भारत की सबसे ज़्यादा गूगल की जाने वाली शख़्सियत हैं और वो बिग बॉस में आने के अलावा *जिस्म 2* और *जैकपॉट* जैसी फिल्मों में काम कर चुकी हैं। वो एक उद्यमी भी हैं और उन्होंने अपनी परफ्यूम लाइन लस्ट, बॉक्स क्रिकेट लीग टीम चेन्नई स्वैगर्स और एंड्रॉयड गेम तीन पत्ती लॉन्च की है।